エピソードで綴る

日本黄金史

（江戸時代）

はじめに

日本の〝金の黄金時代〟といえば、安土・桃山時代から江戸時代初期にかけてではないでしょうか。「野山から金銀が沸き出でて」といわれた秀吉の時代を経て、江戸時代初期もまた日本中、金銀に満たされ、黄金文化が咲き誇りました。

しかし、江戸時代中期、海外への流出に加え、国内での産出が急減、日本は急激に〝金欠状態〟に陥っていきます。米に頼った幕府は「米価安、諸色（いろいろな商品）高」に抗しきれず、倹約と貨幣の改鋳を繰り返し、財政を支えます。だが、改鋳はカンフル剤のようなもの。財政難は一向に改善せず、改革は悉く失敗に終わります。

三大改革といわれた「享保、寛政、天保の改革」は、実は歴史の流れにさからったあだ花で、むなしい努力に他なりませんでした。幕末には開国に伴って金が大量に流出、幕府の息の根を止める大きな要因になりました。

そのような中、文化的にも「わび」、「さび」がもてはやされ、狩野派に代表される金を多用した絢爛豪華な絵画は次第に姿を消し、広重、北斎、写楽に代表される浮世絵が主流になっていきます。

だが、人々の金銀への憧憬がなくなった訳ではありません。外は地味でも裏張りは豪華な着物がもてはやされます。このような屈折した形での富へのあこがれが増し、それが大判・小判に象徴されるようになります。紀伊國屋文左衛門、越後屋、鴻池など豪商が力を蓄え、大名はしだいに頭が上がらなくなります。江戸時代は「重農主義に始まり、重商主義で幕を閉じた」のです。この歴史の転換を演出したのが大判・小判によって表現された「金（きん）」でした。

「宵越しの金は持たない」江戸っ子も内心では金＝富にあこがれました。その裏返しとして、江戸っ子特有の負け惜しみ精神が広がり、このような金言が生まれたのではないでしょうか。

その移り変わりを小話で綴る形でまとめました。「エピソードで綴る　日本黄金史　古代～安土・桃山時代」の続編です。例によって、寝っ転がりながら読んでいただければ幸いです。

目次

Ⅰ　江戸時代初期

（一）家康・秀忠・家光

世界一の金満家、家康

古来、世界には大金持ち、いや大金（きん）持ち、といわれる人が数多くいます。エジプトのファラオ、古代ペルシャのダリウス大王、アレキサンダー、インドのマハラジャ、インカの王様、金融財閥のロスチャイルド、石油王ロックフェラー、中東の王様……。だが、「最も金（きん）を持っていた」とＮＨＫが番組で折り紙をつけたのがなんと日本人、それも秀吉ではなく徳川家康でした。

家康は秀吉から存命中に「わしより家康の方が金銀を持っている」と言われたことがありました。あの〝金大好き人間秀吉〟にして、そう言わせるほど、当時から、家康の金銀への執着は天下に知られていたのです。

家康は元和二年（一六一六年）四月一六日、七五歳で亡くなりましたが、その時、一説では、江戸に約四〇〇万両、駿河に約二〇〇万両、合計約六〇〇万両に相当する金銀を残したともいわれています。そのうち、約半分三〇〇万両が金、残りが銀でした。といっても、「金三〇〇万両はすべて小判だった」わけではありません。小判は全体の六三・四％だったともいわれ、残りは大判、分銅金、印子金、砂金などだったとか。もちろん、金色の鎧、金屏風など金製品も多数所有していました。つまり、家康は金なら「あらゆる形の金」を保有していたのです。

この保有していた金三〇〇万両に六三・四％を掛けると、小判の保有量は約一九〇万両ということになります。この小判はいずれも金の含有量が極めて高い慶長小判やそれに類したものでした。それだけに、他の金も小判並みの品位としたら、時価に換算し、何千億円になりますやら……。ちなみに一両の金の量を慶長小判並みの一五・五グラムとすると、三〇〇万両は四六・五トンの金に相当します。家康が「世界一の金（きん）持ちだった」という説にもうなずけるものがあります。

家康が鋳造させた小判は合計三三〇万両だったともいわれています。それが正確なら、亡くなった時、手元に残していた小判一九〇万両は鋳造量の五八％に相当します。逆にいえば、市中にはわずかに四二％しか放出しなかった勘定です。「しぶちん」といわれた家康の面目躍如といったところです。

マネタリスト、家康

家康はこの大判小判を〝いざ鎌倉〟に備え、伏見城、江戸城、駿府（＝静岡市）城などに分散して蓄えました。ところが、伏見城に貯蔵していた金はあまりに多かったので、その重さに耐えかね、「金蔵の梁が折れた」と伝えられています。

伏見城は秀吉の隠居所でしたが、秀吉の死後、それを家康が手に入れました。もしかすると「秀吉を凌ごう」として、大量の金を蓄えたのかもしれません。その後、その金をどこかに移したかどうか、その行方ははっきりしません。

秀吉が造り、後に家康が住んだ伏見城については井原西鶴が『日本永代蔵』で、こんなことを書いています。

「むかし、伏見の御上代の時、諸大名の御成門、軒をならべて、かがやき。金銀珠玉を鏤め、何れの工匠か、珊瑚を削なして（中略）、越前の殿の御門に。ありく\と、美形を彫物に、此の清らなる事、言葉にも伸がたし、五十五万石、三年の物成、これに入けるとなり」

つまり、「家康が伏見城にいた時、金銀で飾られた諸大名の門が軒を並べていた。中でも、五十五万石を領していた越前公は三年分の年貢を門に費やした」というわけです。それにしても、諸侯がいかに秀吉、家康の勢威を恐れ、その意を迎えることにきゅうきゅうとしていたかがうかがえます。〝天下人家康〟の満足、これにすぐるものはなかったでしょう。

家康は金銀についても一家言を持っており、『名将言行録』（岡谷繁実原著、教育社刊）では次のような哲学を述べています。

「幕府に金銀が集まると世間に金銀が少なくなり、人々は金銀を大事に思うようになる。そこで、諸物の値が下がる。金銀が世に多いと物価は高くなって世人は苦しむ」

確かに、家康の考えたように、ただ金銀を貯め込むだけだと、「金融緊縮策」を取ったことになり、商品の生産量に金銀つまり貨幣の流通量が追いつかず、デフレに落ち込んでしまい、逆だとインフレになります。

これは「貨幣の流通量を操作することによって景気や物価安定を図る」というマネタリストの考え方と類似しています。しかも、一九八〇～九〇年代、バブル破裂前後に日銀が行った物価沈静策とも、二〇一三年の金融緩和策とも一致しています。いわば現代にも立派に通用する貨幣理論だったのです。当時としては「ノーベル経済学賞級の画期的考え方」だったとでもいえるでしょう。

蓄えても蓄えても溜まる金

ところが、家康の時代、デフレに落ち込んだという話はまったく聞こえてきません。諸大名に命じて江戸城、名古屋城を造らせるなど天下普請といわれる公共工事を積極的に行ったうえ、鋳造した小判が膨大で、市中に出した量も多く、十分な流動性を供給していたからでしょう。公共事業と流動性増大とは、ケインズ経済学そのものです。

家康が「流動性と景気の関係」を知っていましたかどうか。家康の金銭哲学から見て、多分、いくらかは分かっていたようです。ただ、経済学などなかった当時のこと、詳しいことは知らないままに金を蓄え、詳しく知らないままに金を市中に供給していたのではないでしょうか。

とにかく、当時は家康がいくら蓄えても蓄えても、蓄えきれないほどに金銀が産出していたのです。となると、「流動性の増大は結果論」ということになります。だが、結果論であろうとなかろうと、金、つまり通貨が大量に放出されれば景気はよくなります。

江戸時代初期はまだ農業中心の重農主義の時代でした。茶屋四郎次郎など京都、博多、大坂に居を構えた御用商人はいたものの、一般庶民を相手にした商業はあまり発展してはいません。しかし、小判すなわちカネがばらまかれれば商業は発達します。それが、江戸時代の経済を発展させるとともに、重農主義に偏した幕府の経済的土台を崩していくのです。

地味だが高い江戸の町

映画「七人の侍」にみるように、戦国時代、百姓は虐げられたといわれています。だが、実際はそうではありません。虐げられた面もありましたが、中世の桎梏（しっこく）が徐々になくなり、農業に工業に自由な創意工夫が発揮されました。

この結果、ＧＤＰ（国内総生産）は一世紀で三倍前後増加したといわれています。その増大したＧＤＰをバックに徳川幕府は城普請、灌漑工事など大型公共工事を行いました。その仕事はうなるほどあり、江戸在住の庶民には比較的ラッキーな時代だったのではないでしょうか。

「農民も五両、十両持つようになり、分限者は五百両、六百両を持つようになった。二階、三階の家も建てられるようになった」（『江戸三百年』西山松之助＋芳賀登編、講談社刊）という景気のよい話もあります。

大名は桃山風の豪華な屋敷をきそって建てました。だが、秀吉のような豪華絢爛たる町づくりは行われていません。「伏見城周囲の屋敷は屋根が金で葺かれていた」といわれましたが、江戸城周辺の大名屋敷は白い鉛瓦を使い、その白い輝きが漁師には目標になっていました。江戸は金ならぬ銀に近い渋い色合いの町でした。地味好みの家康の趣味に大名が迎合したからでしょう。

しかし、土地価格は大きく上がりました。慶長時代、幕府は町割りを行いましたが、「この時、二、三両だった町屋敷がその三〇年後の元和年間（一六一五～二四年）ころには百両になっていた」（『江戸三百年』）とか。三〇年で三〇～五〇倍になった勘定です。まさにバブルそのもの。江戸の繁盛ぶりがうかがえます。

厳しかった租税

もっとも、このような景気のよい話とは全く別の厳しい見方もあります。江戸時代後期には「三公七民（収穫の三割を領主が取る）」といわれ、農民の生活もかなり向上、ゆとりが出てきますが、「このころは『七公三民』とかなり重かった」と歴史家大石慎三郎氏は述べています。

家康の側近、本多正信は「百姓は財の余さぬように不足なきよう」と言っていますが（一般には「百姓は生かさぬように殺さぬように」と言ったと伝えられています）、これは家康の本音でもあったでしょう。

しかも、家康は豊臣家の忠臣？　といわれた片桐且元に命じて領地の関東で検地を行い、課税（＝年貢）農地を広げ、歳入を増やしています。検地は太閤検地で知られる秀吉が有名ですが、実は家康も他の大名も行っていたのです。

　これでは「資本の原始的蓄積」などできようはずがありません。江戸の繁盛はこのような農民の収奪の上に築かれたのかもしれません。もっとも、家康は「税の取りたては軽くした。これは民が服する根本だ。後世子孫もよくこの法を遵守せよと秀忠に言った」（『名将言行録』）という話もありますが……。さて。

　江戸時代中期ころ経済は停滞色を強めていきます。これは国民の大多数を占める農民への課税が重く、インセンティブを与えない政策も影響したのでしょう。「生かさず殺さず」で、食べるのに精一杯では貯蓄どころか働く意欲も出るはずがありません。

　江戸幕府は米に地盤を置いた「米本位制」の経済だったので、年貢は原則米でした。ただ、米が取れないところでは金納もありました。この米を大名、旗本は大坂で換金、禄高の少ない御家人などは浅草で売却、小判を得ていました。当時、浅草周辺は歓楽街というより、大川（＝隅田川）に面した米問屋が集まっていた集散地だったのです。

　この時、特に米蔵が集まっていたのが、大相撲で知られた「蔵前」でした。いや、話は逆です。米が集まったので蔵が建ち、蔵前と呼ぶようになったのです。農業中心といっても、貨幣経済は江戸時代に入りさらに浸透していったのです。

派手なパレードも花見も行わず

家康は生活もごく地味。三河時代、夏は麦飯でした。「鯛の天ぷらに当たって死んだ」といわれていますので、鯛くらいは食べたでしょうが、行動は慎重そのものでした。秀吉は度々、金をちりばめたような派手なパレードを行い、世人の度肝を抜きましたが、家康は行っていません。

秀吉はまだ天下が治まらず〝関白の威光〟を広く示すねらいがあったといわれています。だが、家康は関ヶ原以降、絶対的権力を握り、派手な演出をする必要はなくなりました。もちろん、費用を節約する意味もあったでしょう。

上洛した時の軍も金などでよそおったりせず、赤備えで知られた井伊家のように、剛毅質朴な三河武士を象徴するような行列でした。もちろん、醍醐の花見のような庶民的な花見も行っていません。

家康は晩年、「天下は回り持ちなので、だれでも奪ってよいぞ」と諸大名に言ったという話があります。これは絶対的権力を握った家康の自信の裏返しでもありました。これでは秀吉のように金を大名に配る必要もなかったでしょう。

かくして、家康は全国の金鉱山が産出した金を溜めに溜め、それが大名との武力格差につながっていきます。鉄砲の購入には「先立つもの」が必要ですが、それが徳川家に握られていては手も足も出ません。単に領土（＝米）だけではなく、「金」もまた徳川家の全国制覇の有力な武器だったのです。

金の出番がなかった秀忠時代

家康の残した巨額の金を受け継いだのが第二代将軍徳川秀忠です。家康は駿河に引退する時金一五万枚を秀忠に贈り、死の直前の元和二年（一六一六年）、持っていた一〇〇万両のうち紀州、尾張に各三〇万両、水戸に一〇万両を分与、残りを家康を祀った久能山（静岡県）東照宮に納めました。つまり、秀忠に贈ったのです。ただ、秀忠はこれをほとんど使わなかったようです。

秀忠は「何事も権現様（＝家康）に習う」をモットーにした行儀の良い二代目でした。冒険らしい冒険はしていません。〝後宮の美女三千〟どころか側室も持たず、大奥もありません。家康同様、「大名や旗本に金を配る」大盤振る舞いもしていません。三代将軍家

光は秀忠の正室（＝お江）から生まれた将軍で、正室の子は他に十五代慶喜しかいません。

ただ、江戸では大名の屋敷などや埋め立て工事など天下普請といわれる大型の公共工事が約七〇年間続き、需要を喚起しました。といっても、費用を出したのは、ほとんどが大名。幕府は腹が痛まず、諸侯の力を削ぎました。多分、幕府はほくそ笑んでいたことでしょう。

秀忠にはこんな話も伝わっています。

「ある時、少しでも節約を図ろうと、勘定奉行が『咎を受けて閉門、謹慎などの措置を受けた家来の禄高を減らしたら』と進言した。ところが秀忠は、『刑が満ちたものは罪科の償いを果たしている。その上に負い目を課する理由はない』として許さなかった」

なんだか、受刑者を差別しがちな現在より人権感覚が発達していたような話です。秀忠が温厚だったこともあったでしょうが、金山の発掘もあり、幕府の財政が比較的豊かだったからかもしれません。

謹厳実直、「面白味のない将軍」といわれている秀忠ですが、金にとっても華やかな話題に欠けています。大判・小判も引き続き鋳造しています。その間、金はどんどん幕府の金蔵に積み上げられていきます。

大名改易で財政健全

江戸時代、大名を震え上げさせたものに改易があります。福島正則、加藤清正の子忠広など豊臣恩顧の大大名をはじめ、越前宰相・松平忠直など親藩も含め、多くの大名が改易され、その領土が幕府領に組み入れられました。

江戸時代初期三代の将軍の行った大名の改易は家康の時代が四一名で三七七万四五五〇石、秀忠の時代が四一名で四三八万九六〇〇石、家光の時代が四九名、三九八万四八〇〇石でした（『江戸三百諸侯列伝』、新人物往来社刊）。

合計一三一名、一二一四万八九五〇石ですが、意外なことに石高は秀忠の時代が最も多くなっています。仮に一石を一両とすると、幕府は三代で年間約一二一四万両を生み出す土地を得たことになります。

七公三民なら約八五〇万両、五公五民なら約六〇〇万両が毎年、幕府の懐に転げ込んだ勘定です。これが戦いもしないで得られるわけですから、笑いが止まりません。まさに「大名潰しはやめられない」といったところでしょう。

秀忠は表面、何もしない穏やかな将軍だったように見えます。だが、「大名の力を削ぎ、徳川家の台所を豊かにする」というやるべきことはきちんとやっていたのです。幕府の基礎を築いたのは秀忠だったといっても過言ではありません。ちょうど、中国清朝で康熙、雍正、乾隆帝のうち、最も地味な雍正帝が基礎を固めたように。

唐様で書いた三代目

秀忠の後、三代将軍家光が登場、時代の風景はがらりと変わります。家光は「生まれながらの将軍」を自称、大名に遠慮することはありませんでした。大名はどしどし潰したうえ、家康、秀忠の二代にわたって蓄えた巨額の金銀があり、金蔵には金、銀がうなっていました。

「これを使わない手はない」とでも考えたのでしょうか。とにかく派手に使いまくります。約一〇万両を投じて安宅丸という大きな船を建造、日光・東照宮も改修、公共事業にもこれ努めます。三〇万人以上の諸大名、直参を率いて上洛、この時、莫大な金を使ったのみならず、天皇、公家、京の庶民に金を配り、さらに江戸の町民にも二三万両を配っています。文字通り〝バラマキ政治〟です。

家康、秀忠の二代にわたってけちけち溜め込んだ金を苦労知らずの三代目が使った形です。「座して喰らえば山をもむなし」とか。これではいくら蓄えがあっても足りるわけがありません。幕府の財政は徐々に逼（ひっ）迫していきます。家光は比較的評判のよい将軍ですが、内実は〝暴れん坊将軍〟などではなく、〝唐様で書く三代目〟だったのです。

しかも、悪いことに、秀吉、家康時代に「野山から沸き出でて」といわれるほどに大量に産出した金銀が家光時代になって減少、流れが変わり始めます。

ただ、秀忠の貯えもあり、家光は六〇〇万両以上の遺産を残したといわれ、流れの変化は当時の人も家光も気づかなかったようです。ちょうど昭和四〇年代の国債発行が日本を厳しい状況に追い込んだのを当時は誰も気がつかなかったように……。とはいえ、その兆しは随所に出ていました。

困窮した旗本にバラマキ

矢田挿雲著『人使い名人伝』(原書房刊)にこんな話が載っています。

「このころ、諸物の値が上がり、困窮する旗本が続出、拝借金の願いが出てきた。そこで、家光は金蔵を視察したところ、金蔵奉行酒井忠世が千両箱を指して『これは権現様(=家康)の御貯えで』、『これは大御所様(=秀忠)の御貯えで』と述べた。これに対し家光は『誰が貯えた金にもせよ今はすべて我が物である。およそ金銀は世の中の風に当ててこそ貯えた甲斐があると申すものだ。これほどの大金が世の中から姿を消して、こんなところに隠れてある故、下々の困窮するは当然である。ことごとく取出し、望み次第に貸し与えるがよい』と言ったという」

「その後も物価高騰で困った旗本が再度、金子(きんす)拝借を願い出たところ、知恵伊豆こと松平伊豆守信綱が『御慈悲になれて又々拝借金を願い出ずるの段、不届き至極である』と答えたが、それに対して家来が『世上の諸式は先へ先へと高値に相なり、このままにては我等到底御奉公相也ませぬ故、(家光に)直々に申し上げる』と反論した。それを聞いた家光が翌日、金蔵を視察、『意外な大金である。神祖以来かかる大金をのこし置かれたと申すのも、ひっきょう家来を養われんがためである。聞けば諸旗本、年ごとに難渋致す由、チビチビでは焼け石に水でたちまち又不勝手となるは必定故、身代の建直るよう一時に沢山用立ててつかわせ』と言ったという」

もちろん、こんな会話があったとは思えません。だが、このころから早くも物価が年々上がり、武士が困窮し始めていたことが分かります。ただ、家康がいみじくも言ったように生産が増えないのに金銀を放出すれば流動性が増し、さらに物価が上がり、武士はますます困窮します。まさに「イタチごっこ」ですが、家光はそのようなことを理解していましたかどうか。多分、分からなかったでしょう。

武士は困窮、景気はまずまず

武士の困窮を促進させたもの、それが家光の時代に恒久化した参勤交代です。参勤交代は大名の財政を悪化させ、幕府に手向かいさせないことをねらった施策ですが、見事、成功しました。

大名は参勤交代で莫大な金銀を使い、徐々に困窮化していきます。前田家のように二〇〇〇人以上もお供を連れた道中では大変な物入りだったでしょう。これでは「金不足」で、幕府に手向かうこともできなかったのも当然です。

この大名行列につきものなのが「金紋先箱」です。大名行列は長持ちなどに大名が日常使う物を入れて持ち運びましたが、これには金張りの紋がほどこされていました。相変わらず金は大名の権威を表すシンボルだったのです。

もっとも、金銀の放出で、商業活動は活性化し、景気はまずまずでした。武士は困っても庶民が困窮したという話はあまり聞こえてきません。何しろ、一心太助が天秤棒で担いだ魚を売って結構よい生活ができたくらいですから。

家光は経済については家康とは比較にならないくらい無知だったと想像されますが、「意図しない緩やかなインフレ政策」が奏功したのかもしれません。

江戸時代初期の百年間、幕府が鋳造した大判・小判など金貨は一四七二万両ともいわれています。金に換算、約二二〇トン分です。当時、それだけの金が日本にあったのです。この小判などは当初は金蔵に蓄えたとしても、結局は財政難で、そのほとんどが市中に出回りました。これが生産力の増加とうまくマッチしたのかもしれません。

以降、幕末まで、幕府は財政難を繰り返し、歴代将軍は財政立て直しに四苦八苦します。そのきっかけが家光の時代だったのです。

（二）金山発掘

金銀山が支え

江戸時代初期、幕府財政を支えたのが米と金銀でした。幕府は当初二百数十万石以上、江戸時代中期には取り潰した大名領を加え、四〇〇万石以上の地域を「天領（＝幕府領）」として支配しました。これに旗本領を加えると約八百万石になり、日本の約四分の一に相当します。これ以外にも親藩・譜代大名が脇を固めており、幕府の地盤は盤石そのもの。その力も権勢も絶大でした。

幕府財政を支えたもう一つの柱、金銀の生産も順調でした。家康は関ヶ原の戦いの翌慶長六年（一六〇一年）、佐渡金山を上杉家から取り上げて相川金山を開発します。〝大金山佐渡〟の誕生です。

石見（＝島根県）の石見（別名大森）銀山も毛利氏から没収、直轄にします。さらに、但馬（＝兵庫県）の生野領三万七〇〇〇石を天領とし、生野銀山も手に入れました。

家康はこれらの金銀山から発掘された金銀銅を武器の購入にも使いました。これが、家康の武力を強め、覇権に貢献したことはいうまでもありません。徳川家の勢力拡大は三河武士の忠誠心だけではなく、金銀の裏付けがあったのです。

秀吉すらできなかった金銀山の大規模な直営を進めたあたり、家康の権力の大きさがうかがえます。古来「金は権力のあるところに集まる」といわれています。それかあらぬか、当時産出した金銀はほとんどが幕府に集まりました。金で見る限り、家康の権力は秀吉より上だったともいえるでしょう。家康の権力はそれほどに絶大だったのです。

相川金山

江戸幕府の台所を支えた金山は数多くありましたが、最大のドル箱が佐渡金山でした。佐渡では昔から金が産出しました。平安時代にも「金が出た」という話があり、佐渡は一〇〇〇年以上、金を産出したことになります。ただ、平安時代に採取された金は砂金。場所も西三川で、徳川時代に採掘された相川金山とは中央部の平野を隔て、対称的な位置にありました。

西三川の金については平安時代の話として、こんな伝承があります。

「西三川で百姓からニラを買った船頭が根を洗ったところ土に金が混じっていた。そこで、船頭は何回も百姓を訪ね、畑の土を持って行った。不審に思った百姓が後をつけたところ、土に金があると分かり、以後、土を渡さなくなった」

安土・桃山時代には上杉領になり、かなりの金を採掘、上杉家の戦力を高める一因になりました。しかし、金鉱山が本格的に開発され、産出量が急増したのは関ヶ原の合戦の翌年、徳川家の所有となり、相川金山が発掘されてからのことです。

以降、佐渡金山は「佐渡といえば金山、金山といえば佐渡」といわれるほどに日本を代表する金山になりました。

佐渡の金

「佐渡へ佐渡へと草木もなびく」と唄われた佐渡おけさ。その佐渡に草木もなびかせたもの、それが金山でした。中でも、相川金山は佐渡最大の金山で、その跡地には記念館が作られ、観光施設となっています。

佐渡に行った人はだれでも真っ二つに割れた山を見ることができます。金の採掘跡地で、自然破壊もなんのその、金にかけた人々の執念を感じさせます。ただ、金は相川だけ

でなく、島内三〇～四〇カ所で採掘されていました。

金の生産には大変な犠牲が払われました。金を掘る時には地下から大量の水が湧き出しましたが、その水を汲み出したのは諸国で罪を犯し、佐渡に送られた人々、いわゆる流人でした。

ところが、当時のこととて環境は劣悪。しかも、水汲みは体力を消耗する重労働だったので、長くても二、三年しか生きられなかったとか。「佐渡は生き地獄」という言葉も人口に膾炙されました。佐渡の金は流人の汗と涙のうえに、採掘されたのです。

相川町の最盛期は寛永二年（一六二五年）。当時、二一万五〇〇〇人もの人がいました。金銀山はどこも人口が多く、銀の採掘で鳴らした生野銀山でも最盛期二〇万人がいたと伝えられています。

江戸時代、江戸、京都、大坂が三都といわれましたが、最盛期でも江戸の人口は約一〇〇万人、京都、大坂は三〇万～四〇万人ほど。他は名古屋が一〇万人程度、仙台は六万人強でした。相川、生野の二〇万人かそれ以上という人口は、いかに金銀の人を引きつける力が大きかったかを証明しています。

徳川幕府は各種の大判、小判を鋳造しましたが、その鋳造には佐渡の金が最も大きな役割を果たしました。幕府はそれを天領の出雲崎港を通じて、江戸に運び込みましたが、その運送途中の警戒は大変なものでした。ちなみに、良寛さんは出雲崎の廻船問屋の家に生まれました。金の輸送も見ていたことでしょう。

（二）金山発掘

採掘期間は世界最長？

佐渡の金山を有名にしたのはその採掘量の多さに加え、採掘期間が長かったことも挙げられます。産出量は徐々に減っていきましたが、徳川時代の二六五年掘り続け、幕府に莫大な金を献上、徳川幕府の台所を支えました。

いや、徳川幕府崩壊後も採掘は続きます。明治時代、佐渡金山は新政府に接収され、明治二九年、三菱合資会社に払い下げられました。この間、「かなりの贈賄があった」との説もあります。その後も細々ながら生産が続き、採掘が中止されたのは、二〇世紀末に近い、平成元年（一九八九年）のことでした。

相川金山が開発されてから三八八年。採掘を中断しなかった金鉱山としては世界最長ではないかと思われます。ただ、この間の採掘量は七六トン。年平均では二〇〇キロ弱で、意外に少ない感じです。もっとも、この記録は菱刈金山が出るまで日本一でした。

いまでこそ、この程度の金を採掘する鉱山はいくつもあり、世界では毎年三〇〇〇トン前後の金が採掘されています。しかし、当時は世界に〝黄金の国ジパング〟を思い起こさせる量だったに違いありません。

いまも佐渡にはその採掘に携わった家が数多くあり、そこには金を含んだ大きな岩石なども保存されています。普通、「金を多く含んだ岩石は金の部分が緑色になる」といわれますが、その一つ、味方家が展示している岩石は金色の条が入り、見た目にも大変きれいで豪華です。

相川では金鉱山の中を見学でき、往時をしのぶこともできます。また、西三川には観光用の砂金採り場があり、入場料を払えば、だれでも砂金採りを体験できます。もちろん、採った金は持ち帰ることができます。大変面白く、やってみる価値はありますが、採れる量はごくわずかで、まず儲かりません。

石見銀山

〝黄金の国ジパング〟といわれていますが、江戸時代初期、日本は金より銀の方が多く採れました。当時、「世界の銀生産の三分の一を占めていた」ともいわれ、半端な量ではありません。その後、生産が減る一方、メキシコで大銀山が発見され、主役は奪われましたが……。

この銀の生産で最も貢献したのが、近年、世界遺産に登録された石見銀山です。石見銀山は石見国の山中にあり、室町、戦国時代にも大量の金銀が採掘され、毛利、尼子両氏の争奪の地でした。それを家康が直轄とし、生産量を飛躍的に増やしました。もっとも、石見銀山といっても採掘場は一つではなくいくつもに分かれています。

銀山とはいうものの、金も銅も生産されました。記録によると、最盛期の含有量は岩石一トン当たり金が五四グラム、銀が七六〇グラム、銅が七〇〇グラムだったとか。現在、一トン当たり三グラムしか金が含まれていない岩石も採掘されています。それと比べ、石見銀山の品位の高さは想像を絶するものがあります。

石見銀山に限らず生野銀山など各地で銀が採掘されました。江戸時代初期、銀が大量に輸出されたのも「むべなるかな」といえるでしょう。〝銀の国ジパング〟といってもよいかもしれません。

ただ、石見銀山でも採掘は大変な困難を伴いました。坑道は狭く、しかも、本道と分かれた枝道はやっと人が一人潜り込めるほどの小ささで、閉所恐怖症の人は「エコノミー症候群」になってしまいそうです。

しかも、現在と異なり、電灯などはなく、粉じん防止装置もありません。真っ暗な中、わずかな光を頼りに採掘に当たったわけです。当時、十二、三歳ころから採掘に携わった人も多く、「三十歳が還暦」といわれました。この歳まで生き残っていた人は極く少なかったのです。

石見銀山は大正一二年（一九二三年）まで採掘されました。いまは廃坑ですが、跡が公園になり、資料館や石見銀山世界遺産センターもあり、当時の町並や坑道も見学できます。

最大の採掘地は大久保間歩といいますが、見学には事前予約が必要です、公園の近くに、すぐ見られるところもありますが、坑道のかなり前に駐車場があり、自転車か徒歩で坑道入り口まで行く必要があります。足の不自由な人にはちょっと難しいかもしれません。

大久保長安

江戸時代初期、金銀採掘に敏腕を振るった男がいました。それが大久保長安です。大久保といっても大久保彦左衛門で知られた名門、大久保一族ではなく、前身は甲斐の能楽師でした。

長安は甲州時代に金銀の採掘法、精錬法を会得したようです。当初、代官として徳川家の直轄地を支配、石見銀山で金銀の生産を急増させ、その功で、佐渡や伊豆の金山の採掘も任されました。

長安は信玄が行った横掘りという甲州流の採掘法に加え、「南蛮吹き」といわれる当時の最新の精錬法を使って、金銀の採掘量を飛躍的に増加させました。これはアマルガム法といって水銀を使って精錬するもので、家康は大量の水銀を輸入しています。アマルガム法は奈良時代にも行われていましたが、それをさらに発展させたものといえるでしょう。

古代、日本は水銀を輸出、金を輸入していました。それが逆になったわけで、江戸当初、いかに金銀の採掘が活発だったかがうかがえます。長安はポルトガルと密かに通じ、この最新の手法を学んだともいわれています。その真偽はともかく、佐渡金山の成功は大久保長安に負うところ大でした。

大久保長安が病死した後、「金を横領した」との咎で息子は殺され、長安一族は滅亡への道をたどります。そのとばっちりで彼とはまったく無縁だった三河以来の譜代大名、大久保一族の宗主、小田原城主大久保忠隣も改易されています。

「大量の横領が行われた」と本には書いてありますが、さて、どの程度だったのでしょうか。本当のところは分かりません。当時、金銀の採掘は請負制で、請け負った以上の金を生産すれば当然の報酬として、懐に入れることができました。長安はそれを請け負った業者から貰って貯めたのかもしれません。

幕府の手が入った時、「屋敷の床下から庭まで金が隠されていた」という説もあります。だが、横領した金なら、そんな見え見えのところに隠していたでしょうか。それとも、長安は正当な報酬として、手入れなどないと思っていたのでしょうか。

実際は、「横領にかこつけて大久保一族の力を削ごうとした家康の謀臣本多正信と子息、正純の謀略だった」といわれています。その本多父子も後に誅殺されています。長安も本多も、もう役目は終わったということだったのでしょう。「狡兎死して良狗烹らる」を地で行った格好です。

家康は「金も権力も徳川家だけが持っていればよい」と天下に示したのかもしれません。当時、この程度の冷酷さがないと、天下は保ち得なかったのでしょう。ちなみに大久保氏の宗家は本多氏誅殺後に復活していますが、幕臣の反感をかった本多家は復活していません。

金採掘に法令

「人治」に近かった秀吉と異なり、「組織で勝負」した家康はまた、金銀採掘も組織的に行いました。鉱山の法規、「山例五十三箇条」を定め、採掘量を増やすよう努めたのです。

山例五十三箇条の作成は一五七三年、八八年、一六一一年の三説あります。最初の説だと、まだ徳川幕府成立以前、家康が今川家の後を受けて支配した安倍金山（今川家の時代は梅ガ島金山といわれた）の採掘時に作ったことになります山例五十三箇条は鉱山での治安、精錬など金採掘に係る各種の仕法を定めています。中には、「山師の特典」、「席順」などの項もあり、単に採掘に関することだけでなく、そこで働く人までを含め、いかにも家康好みの、くどいほどの細かい定めとなっています。これがその後の幕府の金採掘の〝憲法〟になりました。

人間心理に精通していた家康らしく、人々の欲にも働きかけています。京都に「伊豆の金鉱を発掘せよ」との札を立て、鉱夫の募集に努めました。これを見て沢山の山師が伊豆に殺到、伊豆の金の産出量は大きく増えました。これによって金山の開発を請け負った山師は利益を得たことでしょう。だが、最大の受益者が徳川家だったことはいうまでもありません。

ちなみに、スターリンもシベリアの金を開発するために「新産金地帯の発見者には三万ルーブルまで賞金を出す」という布告を出しています。その後は収容所に政治犯を入れて採掘に当たらせましたが……。徳川幕府も罪人を佐渡に送り込みました。「罪人はタダ」なので、利益は丸儲けです。独裁者の考えることはみな同じなのかもしれません。

海外にも鉱夫派遣を要請

家康は海外にも金の採掘技術を求めました。スペインに鉱夫五〇人の派遣を申し入れたのです。進んだ海外の技術を取り入れ、さらに金銀の生産量を増やそうともくろんだのでしょう。

これに対しスペインは「採掘した金の四分の一をスペイン王、四分の一を家康が取る」としたうえで、「日本にスペイン人の弁理官を置き、キリスト教を自由に布教させよ」と要求してきました。この交渉の結果は分かりませんが、このような取り決めが行われた記録はありませんので、決裂したようです（『徳川家康』北島正元著、中央公論社刊）。

もし、これを認めていたら、日本はスペインの植民地かキリスト教国になっていたかもしれません。しかし、その後の動きをみるとそうなってはいません。幕府は、内政干渉はまったく認めていませんし、治外法権も長崎の出島を除いて認めていません。当時の日本人は結構、海外情勢に詳しく、国際感覚にも優れていたのです。

家康は海外から大砲を購入、大坂冬の陣では大坂城に砲弾を撃ち込みます。これが淀君を振るえ上がらせ、休戦に踏み切らせるうえで大きな効果を発揮しました。「よいものなら外国からでも躊躇なく取り入れる」。この柔軟性が江戸幕府を二六五年存続させたのかもしれません。

島原の乱でもオランダから購入した大砲でキリシタンがこもった原城に弾を撃ち込んでいます。海外の助けを借りるのは徳川家のお家芸だったのです。原城跡ではオランダ製との説もある黄金の十字架も出土しています。だが、オランダは政経分離ならぬ〝政教分離〟が認められ、鎖国下でも唯一、出島で交易を続けることができました。

出島で貿易が行われたことで、生糸など奢侈品の輸入が行われ、その代価として金銀が流出、代償は極めて高くつきました。だが、鎖国下、国内的には成熟した文化、しかも当時の世界最高水準の文化が花開きました。

また、出島という小さな窓を通して海外の新知識も結構多く入ってきました。幕末、植民地にならなかったのも中国の厳しい状況などをよく知っていたのが一因だったかもしれません。「鎖国の功罪は半ばする」といったところでしょうか。

（三）大判・小判

慶長大判

秀吉が信長の方針をまねしたように、家康も秀吉の方針を多く踏襲しました。「鳴くまで待とう」と何事も無理をしない家康ですので、経済に無用な混乱など起こしたくなかったのかもしれません。

金銀貨の鋳造もそうでした。家康は北条氏滅亡後、東海から関東に入府しましたが、その後、「武蔵墨書小判」という金貨を造らせています。だが、これはあくまで関東の一大名による〝プライベートブランド〟でした。

しかし、関ヶ原合戦の翌年、慶長六年（一六〇一年）に天下に流通する通貨を発行します。最も大きいのが、現在「慶長大判」と呼ばれている金貨で、他に慶長小判（一両）、慶長五両判、二分金（判）、一分金、二朱金、一朱金などの金貨や慶長丁銀、慶長豆板銀など各種の銀貨を鋳造しました。

慶長大判は表面に「拾両後藤」という花押が墨書されています。秀吉の天正大判を造った後藤家がここでも活躍しています。形はやや角張った楕円形で、重さは四四匁二分。四四匁との説もありますが、これは摩耗したりすることを考慮したもので、実際は四四匁二分だったようです。

秀吉の造った天正大判は四四匁二分だったので、それとほぼ同じ重さで、「秀吉に負けまい」とする家康の思い入れが感じられます。生産量は一万六五六五枚という説がありますが、はっきりしません。また、明暦の大火後に造られた明暦大判は慶長大判の一種として扱われています。およそ一万五〇〇〇枚強造られた模様です。

秀吉はもっぱら贈答や権威を高めるのに大判・小判を使いましたが、流通させることをどれほど意識していたか不明です。逆にいえば、秀吉時代は商業が発達途上にあり、まだ小判を大量に流通させるほどには発展していなかったともいえるでしょう。

その意味では金を通貨として意識して造り、しかも本格的に流通させようとしたのは最初の金貨「開基勝宝」を造った奈良時代を別にし、武田信玄、織田信長などを除くと、家康が最初かもしれません。いや、信玄も信長も成功しなかったので、「家康が鼻祖」といってもよいのではないでしょうか。

大判には鋳造家、後藤家の花押が墨書されていますが、小判にはありません。消えやすい墨書が大判に使われたのは「大判は贈答用で普段は使われなかった」（『貨幣の日本史』東野治之著、朝日新聞社刊）からとか。

端に刻印が打たれていましたが、これは「金が削り取られないためで、この手法は海外から来た」（同）とみています。ただ、その後、幕府の信用が増すにつれて、墨書は行われなくなります。それだけに墨書入りは希少性が高く、現在、古銭商では目の玉が飛び出るほどの高値で取引されています。

慶長丁銀は銀が八〇％、銅が二〇％でした。重量は三〇匁から五〇匁まであり、使うには重量を量る必要がありました。発行量は一二〇万貫といわれています。それより小さな豆板銀も品位は慶長丁銀と同じでした。

江戸時代の貨幣

ここで、ちょっと江戸時代の貨幣をみてみましょう。まず頭に浮かぶのが大判・小判でしょう。だが、他にも多くの金貨がありました。一般にはあまり知られていませんが、前述のように一両小判の下に二分金、一分金、二朱金、一朱金などの金貨があったのです。

一般に江戸時代の金貨は楕円形と考えられていますが、円形の金貨も造られています。また、一分金、二分金は長方形です。

現在の貨幣は一円、一〇円、一〇〇円、一〇〇〇円と十進法で決められていますが、江戸時代の金貨は四進法で決められていました。つまり、一両は四分、一分は四朱というわけです。通常、大判は「枚」で、小判は「両」で呼ばれていました。ただ、小判一〇枚には大判一枚より多くの金が含まれています。大判の金含有量は小判で七両二分程度でした。よく、「大判は小判一〇枚分」などといわれていますが、大判は小判七枚程度と交換されていたことが多かったようです。

貫・匁という単位もありましたが、こちらは銀貨に使われました。一貫は一〇〇〇匁、銀一匁は銀一〇分と十進法になっています。

一両は江戸時代初期は銀五〇匁、銭四貫目に相当します。表示上は銀一貫は金二〇両に相当しますが、金と銀の比価（＝価格差）は日々刻々変わっていたので、「銀〇〇貫使ったが、これは金××両に相当する」といった表現は使われていません。

小判（＝金）は重さが一定で、一両は一両として通用しましたが、銀は重さが一定せず、使う時に重さを量る必要がありました。学問的には小判は「計数貨幣」、銀貨は「秤量貨幣」といいます。

井原西鶴は著書『日本永代蔵』で「（金貨は）秤いらずに、これ程よき物はなし」と書いています。銀遣いの上方では銀は使う度にいちいち量る必要があり、西鶴のような嘆きが出てきたのでしょう。もっとも、銀は十進法なので「こちらの方が使い勝手がよかった」との見方もあります。

幕府の定めにもかかわらず、金銀の比価は一定ではありませんでした。需給に応じ、上下していたのです。そこで、金銀の計算結果を換算した換算表も作成されました。『銭相場割付』とか『金銭相場早割便覧』といった類がそれです。一般に販売されていたため広告も出て、「婦女子・童子といえども、さっそくにわかる重宝無二の書なり」という文句が躍っています。

金銀の交換をしたのが両替商です。金と銀の間の比価はよく変わったので、後には金貨と銀貨の交換所も設立されています。

銅貨もありましたが、江戸時代初期にはまだ永楽銭が使われていました。しかし、質の悪いのも多く、幕府は慶長九年（一六〇四年）に永楽銭と鐚銭（びたせん＝質の悪い貨幣）の比率を一対四としました。

信長と同様に比価を定め、流通量を維持しようとしたのです。ケチの表現として「ビタ一文出さない」というのがありますが、この「ビタ」は鐚銭からきています。それほどに鐚銭の価値は低かったのです。

それでもこの比率がなかなか徹底しないため、日本独自の銅貨、一枚一文の「慶長通宝」を発行、永楽通宝と併用させました。慶長一三年（一六〇八年）には永楽銭の通用を禁止するとともに、金一両を鐚銭四貫文とし、翌年には金一両を銀五〇匁としました。これにより、目方で量る銀貨と計数貨幣である金貨が併用されるようになり、通貨体制が整ったのです。

といっても、これは表向きの話。相変わらず永楽銭で年貢を納める農民もいて、統一できなかったようです。そこで、寛文八年（一六六八年）に新しい「寛永通宝」を発行、国内産の銭の生産を増やしました。この結果、永楽通宝は、ようやく通用しなくなりました。

日本は平安時代の天徳二年（九五八年）に皇朝十二銭の一つ「乾元大宝」を最後に貨幣が鋳造されなくなり、宋銭が流通、室町時代には明銭が通用、長い間、海外の通貨を利用していました。だが、これで、自国銅貨を持つことができました。通貨は国家の信用の表

れ。ようやく、日本政府＝幕府も信用されるようになったのです。この間六〇〇年以上たっていました。

クーバン

江戸時代初期、東南アジアはバタビヤ（今のジャカルタ）で「クーバン」という金貨が流通しました。といっても、現地で造られた金貨ではありません。日本の小判のことをクーバンと呼んでいたのです。

当時、日本は生糸など贅沢品を輸入、金（＝小判）、銀、銅などを輸出していました。この金の小判がオランダの東インド会社などの手で東南アジアやインドなどに流れて利用された結果、小判がそのままクーバンとなったのです。

クーバンはバタビヤでは、交換手段、つまり通貨として利用されましたが、植民地の母国オランダとの間で、為替手形の買い取りにも使われました。さらにインドに渡って、そこで潰され、インドの金貨、「パゴダ金貨」にも鋳造し直されたとか。平安時代、奥州の金が中国を経て中東にも流れたと思われますが、それが数世紀の時を経て、再現された格好です。

かつて、日本は中国から宋銭、明銭を輸入、それを国内の交換手段として利用しました。これも宋や明が信用されたからこその話です。クーバンが国外で流通したのは、当時の日本の貨幣が品質面で安定し、高い信用を博していた証しともいえるでしょう。事実、当時の日本の小判の鋳造技術はそれほどに高かったのです。

小判の変遷

江戸時代、小判は金貨の代名詞でしたが、一口に小判といっても時代によって大きさも重さも金の含有量も異なります。まさに千変万化。小判という名称ではひとくくりできないほどの違いです。財政が悪化する度に幕府が赤字補填に、国債の発行ならぬ貨幣の改鋳

（三）大判・小判

江戸時代の主な小判の推移

小判の種類	発行年	重さ	金含有量(単位グラム)
慶長	1601	17.9	15.5
元禄	1695	17.9	10.2
宝永	1710	9.4	7.9
正徳	1714	17.9	15.0
亨保	1715	17.9	15.5
元文	1736	13.1	8.6
文政	1819	13.1	7.3
天保	1837	11.3	6.4
安政	1859	9.0	5.1
万延	1860	3.3	1.9

を行ったからです。

もちろん「権現様（＝家康）に戻せ」と品位、つまり金の含有量を上げたこともありましたが、それはごく一部。ほとんどが品位の低下、小判の小型化、つまり〝悪貨への改鋳〟でした。

江戸時代、大量に発行された小判は全部で一〇種です。日本銀行などによると、その状況は表の通りです。

最も品位が高かったのが前述した家康が造らせた慶長小判です。慶長小判は重さは一七・九グラム、金の含有量は一五・五グラムで、品位は八八・五八％になります。大辞林では一枚四・七三匁、金の含有量は一〇〇〇分の約八六三となっています。

亨保小判は慶長小判と同じですが、正徳小判は重さが慶長小判と同じですが、金の含有量は若干、少なくなっています。

最も品位が低く、しかも金含有量も少ないのが万延小判です。重さは三・三グラム、金の含有量は一・九グラム。これは、慶長小判の約八分の一で、「これでも小判か」と言いたくなるようなしろものです。

総じて幕末になるほど、小型化し、品質も悪化しています。それは同時に幕府財政の悪化をも意味しています。〝悪貨〟は幕府衰退のシンボルだったともいえるでしょう。

もっとも、万延小判の銀貨との比価（価格差）は当時の世界の金貨とほぼ同じ。特に日本だけが品質が悪かったわけではありません。逆に、それまで、日本の小判は銀貨に比べ品位が高過ぎたといえるのかもしれません。ではどのような意図で小判が改鋳されたのでしょうか。それは、それぞれの時代で詳しく解説します。

金座・銀座

日本一の繁華街「銀座」。この銀座は銀貨を鋳造していたところを表しています。当然、大判・小判など金貨を鋳造したところもあり、これは江戸時代「金座」と呼ばれていました。金座は文禄四年（一五九五年）、つまり関ヶ原の合戦の五年前、まだ、家康が天下を取る以前に、京都の後藤庄三郎光次に命じて小判を鋳造させたのが始まりです。

日本橋近くには「一石橋」という橋がありました。これは金座の「後藤（五斗）家」と「呉服商の後藤（五斗）家」の間の橋を指しており、合わせて一石というわけです。「金」と「米」という江戸時代の経済を支えた二大物資をうまく表しています。

家康が天下を取って後、本石町、今の日本銀行本店のある場所に後藤家の「役宅」が設置されました。もっとも、当初は駿府（静岡市）、京都、佐渡でも小判を鋳造しており、金座は三つありました。それが後に本石町に集約されました。後藤家はいわば〝私設造幣局〟。鋳造料として額面の一〇〇分の一を幕府から貰っていました。

役宅といったのは、当初は大判・小判など金貨の鑑定と検印だけを行い、鋳造は「小判師」と呼ばれる職人が行っていたからです。この小判師をまとめて「小判座」と呼んでいました。その後、鋳造も後藤家の役宅内で行うことになります。なにか不都合があったのかもしれません。いや、かなりのごまかしがあったのでしょう。

小判の生産には細心の注意が払われました。特に金が密かに外に持ち出されないよう金座で作業していた職人は退出する時、裸にされ、口をすすがされ、髪の中を改められ、さらに、竹をまたがされました。そんな絵も残されています。

しかし、それほど注意しても本当に金が外に出なかったかどうかは不明です。レントゲンのなかった時代、飲み込んでしまったら、どうにもならないかもしれません。もちろん、加工前と加工後の金の重さは厳重に量ったでしょうが。

それ以上に、後藤家と〝お奉行様〟の間によからぬ関係も生じたことでしょう。それかあらぬか、後、鋳造者は遠島に処され、大判・小判の鋳造は幕府の直轄になっています。

銀座は慶長六年（一六〇一年）、京都・伏見に置かれました。その後、駿府などにも設置され、それが現在の銀座の地に移されました。銀座は当初、両替商が多かったところから「新両替町」と呼ばれていましたが、銀座が置かれるとともに町名が「銀座」に変更されたのです。

銀貨を鋳造したのは大黒家という、これまた私設鋳造所でした。幕府から当初、百貫につき三貫の鋳造費を貰っていましたが、後に増額されています。支所が大坂と長崎に置かれました。銀貨はもっぱら西日本や貿易で使われたからです。

大黒家には別途収入もありました。銀は数量で量るので、きちっとした量に纏めるのは難しい作業でした。そこで、大黒家は一定量を纏めて包んだ「常是包」を作り、手数料を取ったのです。それだけ大黒家は信用されていたわけで、これが結構、馬鹿にならない額になったそうです。

大名も大判・小判を鋳造

幕府の専有物と思われがちな大判・小判ですが、大名も造っていました。徳川家は幕府創設以前にも大判・小判を鋳造していましたが、江戸時代にも同じようなことを行った大名が日本各地にいたのです。

幕府の大判・小判が本格的に鋳造され始めた慶長五年以前に、すでに加賀一〇〇万石前田家では金銀貨を鋳造していました（『日本の貨幣の歴史』滝沢武雄著、吉川弘文館刊）。前田家の金貨は「加賀小判」といわれ、幕府の小判鋳造を請け負っていた後藤家が鋳造しました。加賀藩内での使用が目的でしたが、藩外でも使われていました。品位が高かったこともありますが、大大名前田家の高い信用力が影響したのでしょう。

「貨幣の流通は品位ではなく信用による」という説を証明した格好です。しかも、加賀小判は幕府のお膝元江戸でも贈答用や献上品として諸藩との交換にも使われていました。

秋田藩（佐竹家）でも金山奉行を置いて、金銀貨を製造しています。金貨では判金・小判・壱分判・吹金・焼金・下金、銀貨では丁銀・豆板銀・銀小判・銀銭・灰吹銀・上銀・極印銀など。実に多種多様です。これらは、藩士に貸し付けられ、江戸に行く時の費用にされたともいわれています。

秋田県は明治以降、日本屈指の金や非鉄の産地として発展、秋田大学には戦後、鉱山学部（今は名称を変更）も設置されました。江戸時代からかなりの金銀銅などを算出したからでしょう。

佐渡のように幕府直轄の金山以外にも各地で金が採掘されていたのです。ただ、秋田藩の金山は奈良の大仏や金色堂を飾った金とは産地は異なっていました。金の採掘地はどんどん変わっていたのです。

他にも金銀貨を造った藩も多くありました。ねらいはいずれも「財政難の解消」です。ところが、生産力が上がり、商業が活発になると、幕府が鋳造する金銀貨だけでは流動性が不足がちになり、その穴埋めにも使われました。フロックでしたが、「結果はオーライ」でした。

千両箱の重さ

時代劇の引き回し役「千両箱」はいったいどの程度の重さだったのでしょうか。前に掲げた表のように、一両小判の重さは一枚一七・九グラムから三・三グラムまであったので一概にはいえません。

ただ、代表的な小判、元禄、慶長、正徳、享保は一七・九グラムなので、仮に一八グラムとすると、千枚では一八キログラムになります。これに箱の重さなどを加えると約二十キログラムといったところでしょう。

時代劇では「千両箱を担いで逃げる盗賊」といったような場面がよく出てきます。だが、本当にこんなことができたのでしょうか。二〇キログラム程度なら一つは担げそうですが、「屋根づたいに……」となるとなかなか難しいかもしれません。

ましてニつ、三つとなると重いものを扱い慣れていた江戸時代の人ならともかく、ひよわな現代人では腰痛でも起こすのがオチでしょう。「大八車」で運ぶシーンもよく見られますが、これがベターといえるかもしれません。もっとも、これでは怪しまれて、すぐに「御用」になるのは必定です。

映画などで悪徳商人がお奉行様の袖にそっと入れる小判は、だいたい一〇〇両の包みです。これだと一つで約一・八キロ。三つ程度入れる場面がありますが、これだと五キロを超します。こんなに重さがあると袖がほころびてしまうのではないかと心配されますが、お奉行様はよい着物を着ているので、そんなことはなかったのでしょう。

それでも、袖が下がって、歩けば、「いかにも賄賂を貰った」という風体になりかねません。やはり、賄賂は自宅で貰うか、菓子折の下に敷くか、貰っても人目につかないようにすぐに駕籠に乗るといった工夫が必要なようです。ちなみに「鼻紙代」といって差し出す場面もありますが、そんなに鼻をかんだらちぎれてしまうでしょう。

もっとも、万延小判だと三・三グラムなので千両で三・三キロ、箱などを加えても六キロ程度です。これなら盗んでも担いで逃げられそうです。ただ、金の含有量も少ないので、足腰が強ければ慶長、亨保小判を盗む方がお勧めです。

江戸時代には千両箱以外にも五百両箱、二千両箱、五千両箱もあり、これらはすべてひっくるめて「千両箱」といわれていました。五千両箱ともなると、重さは一〇〇キログラムにも達する計算です。これはもう、昔の人でも運ぶのに骨が折れたことでしょう。とあって、もっぱら、幕府や大名の御金蔵で小判の保管用として使われたようです。

(四) 工芸品

二条城の金の障壁画

江戸初期、「金銀を貯め込む一方」と思われがちな徳川家ですが、出すべきところには出しています。その一つが京都・二条城です。二条城は家康の時に着工され、この時は質素でしたが、三代将軍家光の時に金をふんだんにつぎ込み完成、将軍が京都に上洛した時に居城として使われました。一五代将軍慶喜が「大政奉還」を決めたのもこの二条城です。

二条城は徳川家の威信を示すかのように数々の金を使った装飾品で彩られ、金をちりばめた工芸品がふんだんに収納されています。なかでも見所は金を下地に使った襖でしょう。これは狩野派が描いたもので「金碧障壁画」ともいわれ、数多く残されています。もちろん、江戸城にも、各藩の城や大名屋敷にも同種のものが多数ありました。

大政奉還の時、慶喜が座った大広間も上座の背後に金箔の上に大きな松を描いています。豊臣秀頼が家康と対面したのも、この部屋だったといわれています。このとき、同席した加藤清正は三カ月後に亡くなっており、家康に毒殺されたとの説もあります。大広間の壁画は単に金箔を張り付けたのではなく、金箔と金箔が少し重なるようにして張られています。それが金箔の光沢を違ったものにして立体感を出しています。

この時代に描かれた洛中洛外図も面白い特徴を見せています。どの図も背景が以前と同じ金箔であることに変わりはありませんが、二条城が大きく描かれているのです。

洛中洛外図はそれ以前から数々描かれており、徳川時代のものを含め、一〇〇〇張程度現存しているともいわれています。いずれも当時の権力者の意向にそって描かれており、この時代の洛中洛外図は「徳川の天下を日本中に知ら示す」意図があったのは明らかです。いわば、PR用だったのです。残念なことに、洛中洛外図も他の工芸品と同様、かなり海外に流出しています。

もっとも、狩野派というと、金ぴかの筆使いが目に浮かびますが、水墨画もあり、狩野探幽の傑作が京都の寺に残されています。

家康の金の扇

金の扇といえば、秀吉が有名ですが、天下人家康も当然持っていました。家康は表面に金箔を張った扇を味方但馬守家重に贈っています。味方は一般にはあまり知られていませんが、佐渡金山の開発に従事した武士。その功績に対し授けたものです。この扇に使った金箔はもちろん、佐渡で産出した金だったでしょう。

ただ、家康は金で飾られた団扇を献上された時、「黄金で飾るようなことはもってのほか」と言って隠させたという逸話もあり、金の扇は使っていなかったようです。

金の扇は徳川家光も佐賀県の鍋島藩の初代藩主鍋島元茂に贈ったという古書がありります。本当かどうかは分からなかったのですが、一九九九年六月、その扇が奈良市内の古美術商で見つかりました。

鍋島元茂はよく家光の稽古相手にさせられていましたが、模範演技を披露した時に「兵法の心得を述べよ」と命じられ「無心」と述べたところ感心され、扇を下賜されたとのことです。この扇は縦一七センチ、横に広げると五センチあり武道の心得が二二項目にわたって書かれています。

平仮名文字を多く使っていることから、どうやら家光が当時習っていた柳生流の兵法を書いたのではないかといわれています。ただ、佐賀鍋島藩の扇がなぜ奈良に行ったのかは疑問。江戸時代に流出したとしたら、それこそ「お家断絶」ものですから。

楊貴妃の茶器

茶器にもこんな話があります。

「福岡・黒田藩に『博多文淋』という黄金二〇〇〇両もした茶器があった。戦国末期、博多の大商人神谷宗湛が、不始末をした部下から、お詫びにと献上された白粉壺で、『楊貴妃が使っていた』という伝承があった。秀吉、家康、さらに秀吉の軍師黒田如水も欲しがったが、そこは武士をものともしない大商人、にべもなく断っていた。宗湛は秀吉に『日本の半分をくれるなら譲ってもよい』と言ったという。ところが、豊臣秀吉、黒田如水が亡くなったあと、何を思ったか、黒田家にその茶器を譲った。この時、藩主黒田忠之は知行五〇〇石と黄金二〇〇〇両を下賜すると言ったが、宗湛は知行を辞退、黄金だけを受け取った」

三代将軍家光も「筑前一国の収納三年分に価する」と言ったという話も伝わっています。この壷は藩主も相続の時だけ一回しか見ることができなかったという伝承もあります。真偽不明というより、楊貴妃が使っていたなどまさにウソ八百。だが、戦国の英傑と世界三大美人の一人楊貴妃を組み合わせたあたり、なかなか面白いものがあります。

同時に、金が当時、高価な文物の購入に大きな役割を演じていたこと、茶器が単に芸術だけではなく、政治にも深い関わりがあったことを示しています。ちなみに、信長は部下に茶道を禁止、功績のあった者だけに認めました。その中には当然、秀吉も入っています。

東照宮

家康の墓所東照宮。日光にあるそれは世界文化遺産にも登録された日本を代表する建造物です。実は、東照宮は最初、静岡県・久能山に造られました。当時、「徳川幕府を倒すのは西国諸藩」と考え、それをにらむためだったといわれています。

ところが、家康が「死後、日光に移せ」と言ったといわれています。「江戸が落ちた場合、日光を最後の抵抗の地にする」ためだったとか。その真偽はともかく、「日光を見ぬうちは結構と言うな」といわれた日光東照宮だけに、金に彩られた豪華な様は目を奪うばかりです。

日光東照宮は三代将軍家光の時に大改修され、駿河の久能山から家康の墓所を移しました。金で飾られた陽明門、名工左甚五郎の眠り猫……。いまの東照宮は当時の形をほぼ残しています。

家光が全国の大名に号令して造らせただけに、結構を極めています。特に陽明門は別名「日暮らしの門」といわれ、一日中見ていてもあきないといわれています。

この建立にかかった費用は金が五六万八〇〇〇両、銀が一〇〇貫目。当時の小判は一両に一五・五グラムの金が含まれていたので、金だけで計八八〇四キログラムに相当する費用がかかった計算です。

その中には賃金、石材なども入っていますので、金がどれほど装飾に使われたかは分かりませんが、奈良の大仏の使用量五八・五キロより多いのは間違いないでしょう。もっとも、「総工費」ということになると、多分、大仏の方が上だったのではないでしょうか。

金一グラムを五〇〇〇円としますと、いくらになりますか。当時の金の価値からみると、実際は現在の金価格で換算するよりはるかに多かったと見ておいた方がよさそうです。

行けなかった将軍も

日光東照宮へは家康の命日の四月一七日に将軍が参拝（＝社参）することになっていましたが、実際はそうではなかったのです。将軍の参拝は合計一九回行われましたが、最も多かったのが家光で一〇回。六代将軍家宣、一一代将軍家斉などは参拝していません。

家光の時代、一回の参拝には約一〇万両かかったといわれています。そこで、幕府が財政難に陥ると、将軍様でも「行くにも行けなくなった」ようです。俗説では「宇都宮城にある吊り天井を落とし、家光を殺す陰謀があったので行かなくなった」ともいわれています。だが、家光以降の将軍も参拝しているので、当てにはなりません。第一、吊り天井などなかったというのが真相です。

参拝費用は年を経るごとに多くなります。江戸幕府後期、平戸藩の元藩主松浦静山が書いた『甲子夜話』によると、一〇代将軍家治の時は二二万三〇〇〇両かかったとか。これは将軍家だけの費用で、お供の大名などの費用は入っていません。それを入れるといくらになりましたか。財政難の大名が多かっただけに悲鳴を上げた諸侯も多かったに違いありません。

一二代将軍家慶など、日光どころか今の浜松町近くにある浜御殿（その後、天皇家の浜離宮になった）にすら、「金がかかる」として行っていません。幕末にかけ、それほどに幕府の台所は火の車になっていたのです。

その他の東照宮

東照宮は東京・上野にもあります。それも日光同様、金銀をふんだんに使った豪華なものです。寛永四年（一六二七年）に創建され、慶安四年（一六五一年）、社殿、唐門が改築され、いずれも国の重要文化財に指定されています。

社殿は拝殿、弊殿、本殿の三つの部屋からなり、外壁を金箔で張り、「金色殿」ともいわれる豪華なものです。現在はかなり古くなっていますが、それでも往時の豪華さは十分うかがえます。

唐門は唐破風造りの四脚門でこれまた総金箔。唐門で総金箔なのはこの門だけともいわれています。柱内外の四額面には左甚五郎作と伝えられている昇り竜、降り竜が絡みついています。これらの建物は外から見ることができますが、入場料を出せば、中に入ることもできます。

竜は上野寛永寺の鐘桜にも四つあり、うち一つが左甚五郎作とされています。この竜は家光の命によるものですが、講談では大久保彦左衛門がこの彫刻を依頼したことになっています。甚五郎は常に見る人との距離を考えて彫ったといわれており、一見荒っぽくても距離を置くと生き生きしてくるのを得意としていました。この竜は夜になると不忍池に水を飲みにきたという伝承があり、水呑みの竜ともいわれ、甚五郎は釘で柱に留めたとのことです。ただ、現存していません。

東照宮は譜代、親藩のみならず、仙台の伊達家など外様大名の領地でも建立されました。その数は全国で約五〇〇。いずれも金で飾られており、徳川家の意を迎えようとしたのでしょう。サバイバルを図る大名の苦肉の様がうかがえます。

東照宮は東照大権現（＝徳川家康）を祀っただけに、当初は東照大権現とか東照社とかいわれていました。ところが、正保二年（一六四五年）宮号の宣下があり、以降、東照宮といわれるようになりました。

「三大東照宮」という言葉もあります。二つは久能山と日光ですが、もう一つは仙波東照宮、鳳来山東照宮、滝山東照宮などが名乗り出ており、定まってはいません。

家光の墓所、大猷院

家光の墓所もまた眼を見張る豪華さです。日光輪王寺にあり「大猷院」と呼ばれています。「東照宮を超えてはならない」ということで、それより控え目に造られましたが、それでも黄金づくしです。

完成したのは家光の死後二年目。入り口の二天門は朱塗りの柱で造られ、上部が金を含めた多彩な色を使い、下部は黒漆の上に金箔の絵が浮き出ています。あざやかな色のコントラストで、金色を浮き出させるよう、工夫を凝らしています。

その奥にあるのが夜叉門。禅宗様式の門ですが、多彩な色で飾られ、金をあしらったボタンの浮き彫りもあります。柱も金を中心とした獅子頭が上部を飾り、天井は香木の上に金箔を張っており、目に付きにくいところにも金を使っています。最後の門、唐門ももちろん金箔づくし。特に天井は漆の上に金箔を張った四角い枡で区切られ、そのうえにボタンをあしらい、目をうばう豪華さです。

その中にある家光の廟、大猷院は国宝。権現造りをふまえた仏殿の本殿と拝殿からなっています。もちろん金づくしです。内部の壁は全て金箔。本殿では金箔の壁の上に天女が描かれています。左に立つ日光菩薩は金色の顔、右の月光菩薩は白い顔をなさっていますが、衣装には金があしらわれています。天井には黄金の天蓋が家光の位牌を覆っています。

造作はいずれも細かいところまで手が行き届き、当時の職人の技法の高さがうかがえます。徳川幕府全盛期の偉容をいまに伝えていますが、「わび」「さび」とは無縁な感じです。文化がまだ成熟していなかったというより、戦国の余熱が残っていたころだけに、人々はより前向きに世をとらえていたことを感じさせます。その後、日本人の芸術への見方が変わり、金（きん）が過小評価されるようになったのは残念です。

名工、左甚五郎

江戸初期の名工左甚五郎。一般には東照宮の眠り猫で知られていますが、上野寛永寺の水呑みの竜、京都・知恩院など、後世に残った傑作も少なくありません。正史はともかく、講談の世界では大活躍しています。その一つに「竹べラの水仙」があります。

「甚五郎は酒浸りで、泊っていた宿屋の宿泊費も払わず顰蹙（ひんしゅく）をかっていた。ある日、竹べらで水仙をつくり、軒下に『売り物』として飾ったところ、参勤交代中の熊本城主、細川越中守が目にとめ、甚五郎の言い値五〇両で買い上げ、その金で宿代を払った」という話です。

この時、言い値があまりに高いので、怒った家来が越中守に報告したところ「それはただの五〇両か五五〇両か」と越中守が尋ね、家来が「ただの五〇両でございます」と答えたところ「それは安い」とすぐ買い上げたことになっています。五〇両は金に換算、約七七五グラム。竹べらより遥かに重かったでしょう。

水仙に限らず、甚五郎の彫り物は目の玉が飛び出すほど高価でした。細川の殿様が鷹の彫り物を注文したところ一羽で一〇〇両を請求、出来映えがよく、褒美の一〇両を加えて一一〇両貰ったとか、酒を飲む大杯を二〇〇両で請け負い、これも褒美を加え二三〇両貰ったなどと書かれています。

中津川源左衛門という信州から飛騨に入ったところの郷士に二〇〇両で鯉を彫ったという話もあります。このことは、地方の郷士が結構、裕福だったこと、小判が広く流通していたことを示しています。

甚五郎は得た大金を殆ど周囲の人に配り、義賊のような振る舞いをしています。もちろん、この手の話は眉唾ですが、大金には縁のない庶民の夢が甚五郎に託されたのかもしれません。同時に身分を超えた甚五郎の行動が「士農工商」に窒息されかねない庶民の息抜きになったことでしょう。

蒔絵と沈金

金を使った工芸品は数々ありますが、もっとも日本らしさを表現した金製品といえば、「蒔絵」と「沈金」が両横綱でしょう。

蒔絵は遠く奈良時代に生まれたともいわれ、時代がたつにつれ、重厚さが増していきました。いまでは産地として、石川県・金沢が最もよく知られていますが、これは加賀一〇〇万石の三代目前田利常が京都から蒔絵の大家五十嵐道甫を招いて振興、それが根付いたものです。

蒔絵は金の塊をヤスリで削って細かくした金粉を使います。この粉を巧みに組み合わせ、立体感を出すという仕組みです。平蒔絵など各種芸法があります。また、五十嵐派など各派があります。

「この印籠が目に入らぬか」のセリフで知られる天下の副将軍、水戸黄門の印籠も、この蒔絵の技術を使ったものです。輪島塗でそのレプリカが作られ、連続テレビドラマ「水戸黄門」で使われました。本物に似ているかどうかは分かりませんが……。

この印籠、漆の上に三葉葵の紋が描かれ、下に波の模様があります。葵の紋は漆を塗ってその上に金粉をまぶしています。一回漆を塗った時の金粉は厚さが〇・一ミリ程度。何回も塗る必要があり、製作には一年半かかったそうです。さすが、天下の副将軍の持ち物にふさわしい凝り方です。ちなみに、家康は蒔絵で飾った便器を献上された時、贅沢と思ってか打ち砕かせたとか。

沈金は漆の表面を削って、そこに金粉を混ぜた液を塗るという手法です。金が沈んだような様相を呈し、「沈金」といわれていますが、その分、金の輝きが重みを増す感じです。いかにも繊細な日本人にふさわしい工芸品です。

どちらもいまは職人が少なく、後継者難がここにも及んでいます。このままでは、いずれ消え去るかもしれません。しかし、蒔絵、沈金は日本が世界に誇る伝統工芸だけに、なんとか後世に残してほしいものです。

幕府の禁令破った金沢の金箔

現在、日本の金箔のほとんどを生産している金沢。それには、加賀一〇〇万石の城主前田家の手厚い保護がありました。

きっかけをつくったのが、蒔絵と同じ前田家三代目の当主利常です。利常は京都、江戸から職人を集め、前田家の調度品工房「御細工所」を作りました。その中に金細工師もおり、「その技術が民間にも流れ、金箔が作られた」とのことです。

金沢は浅野川の清流と適度な湿気があり、これが金箔作りに適していたといわれています。幕府は幕領の金箔を保護しようと何回も禁止令を出しましたが、前田家は作り続けました。密かに、密かに……。幕府の禁令を破ったらお家取り潰しになったかもしれないのに……。この危険を顧みない執念が世界に輝く工芸品金箔を現在まで保存させたのです。

金沢には「金箔工芸館」というのがあり、そこに行けば、そのあたりの事情を解説してくれます。工芸館裏手の東町茶屋街には金を使った工芸品、金箔を入れた酒、金箔をまぶした菓子など各種金製品も求められます。

圧巻は金泥のアクセサリー、腕に穴を開けた紙を巻き、その上から金を入れた液体を塗ります。紙を取り去ると、後に肌に金が塗られたアクセサリーが残るという寸法です。腕の美しさに自信がある女性は一度試してみたらどうでしょうか。

お姫様の嫁入り道具

お姫様といえば、童話では世界中どこでも金に囲まれた生活をしていることになっています。では、江戸時代、将軍や大名のお姫様の嫁入り道具はどのようなものだったのでしょうか。その一端をうかがわせる品々が名古屋の徳川美術館に遺されています。

この嫁入り道具の名称は「純金台子皆具」。家光の娘千代姫が尾張徳川家二代目徳川光友に嫁いで来た時に持ってきました。茶道具一一、香道具一〇、調度品六の合計二七品が現在まで遺されていますが、そのすべてに黄金が使われています。

なかでも見事なのがお茶に使う釜。純無垢で、重さは三一四五グラムもあります。炉も七〇二〇グラムの金製。その細工の見事さは江戸時代の工芸技術の水準の高さを如実に物

語っています。
　こんなに重いと、ひ弱なお姫様が持ち上げられましたかどうか。とはいえ、金の茶器とはまるで秀吉の趣味のようで、千利休や古田織部が聞いたら、さぞかし腹を立てたことでしょう。
　もちろん、将軍様のお姫様が持って行ったものだけにすべて葵の紋章入り。一般の大名より高価な品だったと思われます。
　だが、大名のお姫様のお輿入れ道具もこれに近いものだったのではないでしょうか。やはり金は当時も権威の象徴として多用されたばかりでなく、お姫様を飾る美の象徴としても使われていたのです。

（五）豪商と御用商人

淀屋

大阪に「淀屋橋」という橋があります。この橋を造ったのが、江戸時代初期の大商人淀屋です。生糸など高価な輸入物資は博多、堺などの幕府に取り入った御用商人が手掛けましたが、そのような中、幕府に頼らない自立した商人も出てきました。その代表格が淀屋でした。

淀屋は大坂で米問屋として大をなしました。八百八橋といわれる大坂の水運を生かし、初代常安が北浜の運河に面した自宅前の庭で米の現物取引を始めたのがきっかけです。この取引、あまりに殷賑を極めたので手狭になり、元禄一〇年（一六九七年）、場所を堂島に移しました。

井原西鶴は『日本永代蔵』で、北浜時代の話として「一刻（二時間）の間に五万貫の売買があった」と書いています。当時、五万貫は約八三万石の米に相当したといわれるので、大変な量です。実際はそのような巨額の取引があったとは考えにくいのですが、話半分、いや一〇分の一としても想像を絶する量です。

売買契約を違える人もほとんどいませんでした。当時の商人は契約に極めて厳格でした。「約束を違えれば満座の中で罵られても結構です」という当時の言葉がそれを表しています。

「契約を違えて罵られる」ことは商人には最大の恥辱でした。ということは、それほどに商人間の契約は守られたわけです。借金を踏み倒すことの多い将軍、大名とは雲泥の差です。江戸時代の〝商人道〟はそれほどに見事なものだったのです。

米の現物取引は「延べ取引（＝決裁を先にした取引）」や「先物取引（＝将来の一定時点までに買ったものを売り、売ったものを買い戻してその差額の損得だけを決済する取引）」に発展するようになります。

資産は一〇億両？

淀屋は第二代言当が青物市場をつくるとともに蔵元としても発展、両替商、札差にも進出、巨利を貯えます。特に大名貸しが多く、「西国の大名で淀屋から借金していない大名はいない」といわれるほどになりました。

生活も豪華そのもの。当時の本『元正間記』にはこう書かれています。

「大書院・小書院という座敷があり、そこは全体が金張りで、金襖に極彩色で四季の花鳥を画かせてある。（中略）夏座敷という部屋には天井に船来のビードロ（＝ガラス）を張って、そこに清水を満たし、金魚を放ち、寝ながら眺めた」

ビードロは大名でもなかなか使えない超豪華品です。まさに大名、いや将軍様も及ばぬ贅沢さです。これが幕府の癇（かん）にさわらないわけがありません。淀屋は五代目の時に「町人にあらざる身分をわきまえぬ贅沢をした」という理由にならない理由で闕所（＝財産召し上げ）にされました。

まさにむちゃくちゃな理屈ですが、実際は「借金に苦しむ大名を救いたかったため」といわれています。いわば一種の徳政令です。契約遵守の商人とは真逆な気質で、当時、武士がいかに堕落したかの証しともいえるでしょう。

この時、淀屋の財産は一〇億両とも二〇億両ともいわれています。実際はそのような大金はなかったと思われますが、帳簿が雑で「大名衆には約一億貫貸した」などと大ざっぱな数字が書かれていたからです。とはいえ、淀屋の富が想像できないほどのものだったことがうかがえます。

鴻池善右衛門

淀屋を別格にすれば、江戸時代、長者として最初に指を折られるのが鴻池善右衛門でしょう。鴻池家は三和銀行（現三菱東京ＵＦＪ銀行）に繋がる鴻池銀行をつくるなどして、明治まで生き残った数少ない豪商でした。

当時、酒はどぶろくという濁った酒でしたが、灰を入れると澄んだ酒（清酒）になったことから、清酒を造って大をなしました。これにはこんな逸話があります。

「奉公人を叱ったところ、怒った奉公人が灰を酒の中に入れて飛び出した。その酒を主人が見たところ澄んでいた」

真偽は不明ですが、清酒を江戸に運んで富を築き、さらに海運業にも進出、事業を拡大します。その後、酒造りから足を洗い、新田開発や大名貸しを手掛け、元禄期までには大坂、いや日本を代表する豪商になりました。「大坂の豪商が一度怒れば、天下の大名が震え上がる」といわれましたが、その筆頭格が淀屋と鴻池だったのでしょう。

鴻池が両替を始めたのは四代将軍家綱の明暦二年（一六五六年）。寛文一〇年（一六七〇年）には一〇人両替（＝幕府の御用両替）に名を連ねるまでに成長しています。

淀屋といい鴻池といい、当時、大をなすと権力とつながりを持つのが習いだったのかもしれません。それが事業をさらに発展させるとともに「踏み倒し」の危険も増していきます。幕府が政策を変更する度に身代が揺れ動くのが当時の商人いや商業だったのです。

『日本永代蔵』には、「京都では一〇〇〇貫程度を持っていても内蔵の塵、埃と同じ」との記述もあります。誤解を覚悟で、大ざっぱに言うと一〇〇〇貫は小判に直すと約二万両。「一〇〇〇貫でも塵」とは、いかに豪商の富が凄まじかったかが想像されます。

河村瑞賢

河村瑞賢も江戸初期から元禄時代初めにかけて活躍した商人です。瑞賢は伊勢の生まれ。一三歳の時江戸に出て、金儲けを図ります。しかし、いくら働いてもうだつがあがらなかったのが、「お盆の時、供養のために川に流したキュウリやなすを拾って漬け物にし、財をなした」といわれています。

その後、土木事業の人夫頭をしている時にその才覚が幕府に認められ、御用商人になっていきます。賄賂嫌いで有名な老中稲葉正則の菩提寺の洗鉢が古くなったのに眼を付け、それを新しくして取り入った、といわれています。〝賄賂社会江戸〟ではそのような手の込んだ贈賄も行われたのです。

御用商人の常として土木工事や材木問屋で巨富を築きます。しかし、単なる商人ではなく、日本海側の港を整備して西回り廻船の航路をつくって物流の合理化に努め、それが高く評価されました。瑞賢にはこんな話もあります。

「江戸が火事になった時、さっそく木曽に飛び、木材を仕入れようとした。この時、まだ、あまり名前が知られていなかった瑞賢は小判に穴を開けて紐で吊し、山林業者の子どもにおもちゃとして与えた。『子どもに小判をおもちゃにして与えるくらいなら大金持ちに違いない』として、買い付けはスムーズにいった」

まさに小判をうまく使った才覚の人でした。

両替屋は伊勢屋

徳川三代、江戸は大発展します。家康は江戸城の周囲に大名の屋敷を造らせ、大名の奥方はすべて江戸に閉じ込めます。「人口の半分は武士」ともいわれ、江戸中期には武士だけで約五〇万人が在府しました。

大名は上屋敷、中屋敷、下屋敷など多くの屋敷を構えさせられ、その出費は大変なものでした。当時、加賀一〇〇万石前田家では表高の約二割を江戸で使いました。年貢を「五公五民」とすると、実収入の約四割を江戸で支出した勘定です。他の大名も大同小異だったことでしょう。

このような需要の増加を見て、江戸には全国から商人が集まりました。彼らは出身地域の名を屋号にしました。三河屋、伊勢屋、越後屋などが代表的ですが、同じ屋号の店は同じような商売をしていることが多かったのです。

例えば、三河屋は酒屋、越後屋は風呂屋でした。そして伊勢屋は両替商や質屋が多かったといわれています。このような名称の店は昭和初期まで目立ちました。

三井呉服店は伊勢出身にもかかわらず「越後屋」と称していましたが、これは例外。とはいえ、越後屋も当然、両替商をしていました。「近江泥棒、伊勢乞食」ともいわれましたが、金については伊勢の力は相当なものだったのです。

中間、下僕の賃金

武家社会を支えた下層階級に中間・下僕などがいました。豪商の裕福さに比べ、彼らの賃金はごくつましく、しかも統制されていました。寛永一五年（一六三八年）の定めは「中間、小もの、草履取りは二両から二両二分」となっています。

八代将軍吉宗の享保一四年（一七二九年）には「並みの中間が一両一分から一両二分、並みの草履取りが一両三分から二両、並みの端女が一両から一両二分」となっています。下がっているのが注目されます。やはり、吉宗は苛斂誅求の将軍だったのです。

ただ、幕末になると「中間が二両二分から三両」に跳ね上がっています。貨幣改鋳やそれによる物価上昇などを反映したのでしょう。

江戸後期の小川顕道の随筆『塵塚談』によると、「宝暦の頃（一七五一～六三年）若党三両、中間小者二両、立派な男は二両一分」と述べており、「容貌・体格等から給金に差があった」としています。

いずれにせよ、年二両前後が一般的な相場だったようです。これでは一両稼ぐのに半年かかります。一両を金一五グラムとすると、せいぜい、三〇グラム。金一グラムを五〇〇〇円とすると、一五万円で、現在よりかなり低い水準です。

（六）　黄金の国

日本の北東に金銀島

「黄金の国ジパング」。その伝説は江戸時代にも引き継がれました。

戦国時代、黄金を求めて日本に来たヨーロッパ人は、結局、日本は金を産出してはいたものの、コロンブスの夢みた「黄金の国」ではないことを知りました。「マルコ・ポーロにだまされた」と思った人もいたかもしれません。

当然、「失望し、あきらめた」と思われがちですが、どっこい、金にどん欲なヨーロッパ人はそうでもありませんでした。今度は、「日本の東北海上に金銀の島がある」という噂に飛びついたのです。

この伝説は「島では鍋や釜まで金で作られ、日常、ごく普通の生活用品として使われている」という、〝マルコ・ポーロもびっくり〟の黄金島です。しかも、「この島に上陸したボートを母船に引き上げたところ船底に砂金が大量に付着していた」というおまけまでついています。これではとても見過ごすわけにはいきません。

この噂につられ、一七世紀にこの地域を探った人々がいました。それも二人で三回も。

そのうちの一人がスペイン太平洋艦隊司令官セバスチアン・ビスカイノです。

セバスチアン・ビスカイノは伊達政宗から許可を得て、荒海逆巻く北東太平洋を探りました。当然のことながら金銀島など発見できず、暴風雨に遭って船が損傷、むなしく空手で引き返しました。結局、船の修理費も出なかったとか。まさに「骨折り損のくたびれ儲け」です。

支倉常長

ただ、セバスチアン・ビスカイノは日本に大きな影響を与えました。慶長一六年（一六一一年）に浦賀に来航、家康、秀忠に謁見し、帰国の時は伊達藩の藩士支倉常長らを欧州に伴って行ったからです。

支倉の使節団には少年も加わり、ローマ法王に謁見しています。これも金銀島探索の副産物だったのです。ローマには支倉常長の肖像画が残されていますが、白地に金色のストライプの入った立派な服装です。

オランダも負けてはいません。オランダ東インド会社に所属した艦隊が司令官フリースに率いられ、二回にわたり、北海道から国後、択捉まで探りました。これまた当然のことながら徒労に終わっています。

それにしても、コロンブス以来、ヨーロッパ人の金への執念は大変なものです。マルコ・ポーロは「宮殿の屋根は金で覆われていた」と書いていますが、鍋や釜まで金製とは書いていません。年が下るとともにジパングの黄金伝説もだんだんスケールアップしていった感じです。

スペインは金を求めて南北アメリカに行き、インカ帝国、アステカ王国を滅ぼし、現地の住民を使って金銀を掘りました。ところが現地人を酷使したため多くが死亡、メキシコの銀の採掘だけで八〇〇万人に達しました。反抗した先住民の舌を切り、その絵がメキシコシティで飾られています。もちろん、謝罪もしていません。

金銀を求める欧州列強の動きは世界を変えました。日本の屋根が金で覆われていたら、侵略されて植民地となり、欧米列強の餌食になっていたかもしれません。黄金の国ではなかったことが日本には救いになったのです。

金銀を輸出、生糸を輸入

金銀島でこそなかったものの、日本は江戸時代初期、大量の金銀を保有していました。しかし、貿易を通じ徐々に流失していきます。特に銀の流出が激しく起こります。江戸時代初期の貿易構造は、「銀、銅を輸出、生糸を輸入する」というものでした。というのも、当時、日本は銀の大産出国だったからです。

もちろん、金も輸出されました。家光の時代から金の輸出が徐々に増え、やがて大量に輸出され、国内の流動性を低下させていきます。現代風にいえば「貿易赤字で正貨が流出、経済が持たなくなっていった」ともいえるでしょう。

この貿易は幕府に許可された船だけが行うことができ、「朱印船貿易」といわれました。関ヶ原合戦の四年後に家康が決め、鎖国された寛永一二年（一六三五年）までに三五〇隻以上の日本船が朱印を貰って貿易に携わりました。

最大の輸入品は生糸でしたが、需要が多いことから、中国の輸出業者が足元をみて、輸出価格釣り上げに動きました。それをみて幕府は輸入商を集めて一括買い付けに踏み切り、さらに、買い付けを行う割賦仲間もつくらせています。いわば、〝国家公認の輸入組合〟の設立ともいえるでしょう。幕府がこの割賦仲間から多額の運上金を取ったことはいうまでもありません。

中国から金一万枚の輸入を図ったこともありました。中国は銀経済、日本は金銀経済だったので、「銀輸出、金輸入」は長短相まった形です。江戸時代は石高制で、米が経済の基礎。それにもかかわらず、家康は「金」も重視したわけです。信長、秀吉と路線は同じです。まだ、戦国の息吹が残っており、〝重農主義者家康〟の頭も柔軟だったのです。

もっとも、それも一時の夢。その後は金も流出が続きます。家光の時代になって「キリシタンの流入を防ごう」と鎖国が行われましたが、鎖国には金銀の流出を防ぐ狙いもあったようです。ただ、金銀の流出は相変らず続きました。

もし、鎖国されなければ金銀がもっと大量に流失し、日本は流動性が不足、デフレが広がり、慢性的不況に陥り、幕府倒壊が早まったかもしれません。だが、生糸を国産化し、大輸出商品に育て上げたように、日本人は海外のものを取り入れ、それを発展させる名人です。日本人の気質がそう変わるとは思えません。

コラム　これが金だ＝金の需要量

金の需要量は供給量とまったく同じで一トンの違いもありません。というのも供給量＝生産量＋在庫量＝需要量＋在庫量、になるからです。この点、一般の物質（商品）と変わりがありません。

ただ、「在庫から出る量」と「在庫される量」が生産量に比べて極めて大きいのが金の特徴です。金は錆びも腐食もせず、何年でも、いや何千年でも在庫として保管できるからです。

二〇一四年の需要量は供給量と同じ四二七八トンでした。このうち、最も多いのは宝飾品、つまりジュエリー用で二一五三トンと全体の五〇・三％を占めています。次に多いのが現物金地金投資の一〇六四トンで全体の二四・九％、三位が公的購入、つまり各国中央銀行などの買い付けで四七七トン、一一・三％を占めています。

このうち宝飾品はかつては三〇〇〇トンを超える年もありました。しかし、その後、量が減少、比率も大幅に低下しています。これは金価格の高騰により、インドなどの宝飾品需要が減っているためです。

インドは女性の結婚のとき、金製品を持参金として持って行き、それを身に着ける風習がありますが、所得が少ないので価格が上昇すると、どうしても需要が伸びなくなります。一方、地金投資は金価格が上昇すると増加します。日本はバーゲンハンターといって価格が低下すると購入が増え、価格が上がると売却する傾向がありますが、欧米では価格が上がると先高を見込んで買い付ける傾向があるからです。

公的機関も二〇〇〇年代初期は金を売却、資産のうち金の比率を低下させていましたが、最近は価格の上昇から再び、金を購入する方向に姿勢を変えています。また、金ETF（上場投信）が米国で盛んになっています。これは不特定多数から資金を集めて金を購入し、それを金投資信託として株式市場などに上場するものです。二〇一三年には売りが多かったのですが、二〇一四年には売りが減少しています。

Ⅱ 江戸時代中期

(一) 家綱・綱吉

明暦の大火

一六〇三年に江戸幕府が開府してから約半世紀。明暦三年(一六五七年)、江戸を大火災が襲います。世にいう「明暦の大火」です。四代将軍徳川家綱の治世(一六五一〜八〇年)が始まって六年目のことでした。

死者一〇万人以上、大名屋敷と町屋のほとんどが灰燼に帰し、江戸の三分の二が焼失しました。江戸城も炎上、天守閣も崩れ落ちます。この大火を期に、徳川三代が多額の金銀を費やして築いた江戸とは全く異質な江戸、〝大江戸〟が誕生します。

明暦の大火は別名、振袖火事ともいわれました。「同じ振袖を着た一七歳の娘が三人変死。怖くなって、僧侶が振袖を焼いたところ、折からの風にあおられて舞い上がり、火事になった」というものです。

幕府はさっそく救済に乗り出します。「一〇万石以下の大名には恩貸銀、旗本・御家人には賜金」を与えました。金額は禄高に応じて変え、「一万石〜一万五千石の大名には銀一〇〇貫を貸し、旗本・御家人には一〇〇石取りに一五両を下賜、知行が五〇石増すごとに五両増やした」（『江戸三百年』）とか。

町方にも目配りを忘れていません。銀一万貫、小判に換算二〇万両が下賜されました。家持ちの商人に、家の間口一間につき、金三両一分、銀六匁八分を配ったのです。当時、江戸は大半が借家住まいだったので、家が再建されれば、借家人にも間接的にはプラスとなったことでしょう。

借家人には配っていませんが、ご飯の炊き出しを行っています。民生安定は武家政権の幕府でも避けられないほどに町人の力が増していたのです。

窮迫した幕府財政

明暦の大火を機に幕府財政は一気に窮迫化します。江戸城の金蔵も焼け、各種通貨が溶けて使い物にならなくなり、幕府は急遽、金銀を駿府、大坂から移送しました。その額は記録に残っているだけで金が七万両、銀が六万貫。銀五〇匁を金一両とすると、銀は一二〇万両で、全部で一二七万両にも達します。

この額は幕府の年間収入を大きく上回っていました。記録された以外の移送もあったでしょうし、大名なども国元から相当、金銀を送らせたことでしょう。あれこれ合わせると、全体ではさらに巨額の金銀が江戸に集まったことでしょう。これが復興事業に使われ、江戸は〝復興景気〟に沸きました。

これをみると、幕府は〝いざ鎌倉〟に備え、手持ちの金銀を各地に分散していたことが分かります。江戸や駿府には当然、金を多く蓄えたようですが、移送されたのは銀が圧倒的に多かったところから、上方には主に銀が蓄えられていた模様です。

徳川三代、日本は世界最大の銀産出国でした（記録に残っていない中南米ではもっと生産があったかもしれませんが）。それも銀の移送が多かった一因だったのでしょう。

明暦の大火は窮迫しつつあった幕府財政に大きな打撃となりました。江戸城は再建されましたが、建設費は本丸御殿だけで九三万四三四七両と米六万七八九三石。全体ではいくらの金銀がつぎ込まれましたか。ただ、資金不足もあって天守閣は再建されていません。別の理由があったとの説もありますが。

家康時代には佐渡など金山も発掘され、幕府は金を唸るほど持っていました。それが天守閣の再建もできなかったことは金の産出減と海外流出の影響が出てきたからとしか考えられません。家綱はとんでもない時に将軍になったのです。

もっとも〝明暦特需〟で、職人の手当が急騰、建設費も上昇し、幕府はあわてて賃金統制令を出しています。

ところが、あまり守られませんでした。建設業者は賃金を上げても儲かったからです。「賃金は需給によって決まる」という経済法則を幕府はまったく分かっていなかったのです。

到来、「町人の時代」

火事を機に江戸の景色は一変します。町の街路が広げられ、計画的な町づくりが始まります。郊外に避難用の下屋敷を造った大名も多く、江戸の外苑的拡大が起こります。いよいよ、〝大江戸〟の形成が始まったのです。

だが、町づくりには莫大な費用がかかり、幕府、大名、旗本を一層、困窮に追い込みます。幕府は手持ちの金銀が枯渇、五代将軍綱吉の時代には貨幣改鋳による増収をもくろまざるをえなくなります（後述）。

この公共事業は材木商、土木・建築業者には莫大な富をもたらしました。紀伊國屋文左衛門など長者が歴史の表面に躍り出ます。歴史は「江戸時代初期から中期」に、「武士の時代から町人の時代」に、そして「米の時代から金の時代」に、大きく展開し始めます。武士の専有物で、権威の象徴だった「金（きん）」が町人の手に握られるようになります。明暦の大火はその号砲になったのです。

水道

「江戸を江戸たらしめているもの」に水道があります。「水道の水で産湯を使い」は江戸っ子の自慢の種ですが、こういわれたのは文化文政、十一代将軍家斉の時代です。ところが、水道は家斉の時代ではなく、家光、家綱の時代に整備されました。

まず、家光の時代に神田上水が造られます。しかし、急増する人口に追いつかず、家綱の時代に江戸の水道の大半を受け持つ玉川上水が造られました。玉川上水は多摩川の水を羽村から四谷まで開口の水路を造って流し、それから樋を通して日本橋界隈に導きました。距離は五二キロ。古代ローマの水道とはくらべものになりませんが、当時の日本の国力では大事業でした。

この上水は武士ではなく、庄右衛門と清右衛門という二人の町人が幕命で造りました。費用は約九〇〇〇両。うち六〇〇〇両を幕府が出しましたが、高井戸までしか開通しなかったため、二人が三〇〇〇両を出し、完成させました。

その功を賞し、幕府は二人に二〇〇石相当の知行を授けています。ところが、上水を維持するには十分ではなく、二人は「上水補修料銀」という名称の水道料の徴収を認められました。水道建設は日本初のＰＦＩ（＝民間資金活用の公共事業）でもあったのです。

身分で異なる水道料

上水補修料銀は身分、財産によって異なりました。大名は一〇万石以上が年銀三分三厘、町方は家一軒につき一六銭。ただ、その後、引き下げられています。「江戸の金遣い」とはよくいわれますが、水道料は銀でした。

といっても、この水道、江戸っ子が自慢しているような「町人のための水道」ではありません。江戸は元々武家の都。武家屋敷への送水を最優先にし、余り水を町人にも使わせたのです。しかも、江戸に送る途中で料金を取って田畑にも給水し、これが約半分を占めました。玉川上水は産湯だけではなく、米増産にも寄与したのです。

水道というと、いかにも清潔そうですが、さにあらず。前半は上が開いた水路、最後は樋の中を通したので、落ち葉など夾雑物を含み、かびくさく、水質はよくありません。もちろん、消毒などもせず、衛生面でも問題でした。洗濯に使われ「井戸端会議」では主役を演じましたが、沸かさなかったら産湯どころか飲み水にも使えなかったでしょう。

そこで、富裕な大名は自ら深い井戸を掘り、自給自足を図ります。これに伴い、「大名中心の給水から町人中心の給水」に代わっていきます。ただ、町人も敬遠し、人口が頭打ちになるとともに消費が減少、徴収料も減り、維持に困りました。この面でも無料だったローマの水道とは比較になりません。

家光、綱吉の時代に挟まれ、家綱の時代は華やかな話題に欠けています。しかし、インフラは整備され、〝大江戸〟への準備が進みます。華麗な元禄時代はそのインフラの上に文化の花を咲かせたのです。

〝昭和元禄〟

堺屋太一氏の名言に〝昭和元禄、平成享保〟があります。昭和は太平洋戦争もありましたが、戦後は高度成長が続き、好景気に沸きました。それが江戸時代屈指の好景気だった元禄時代とオーバーラップさせたのです。平成は不況だった享保時代を思わせたのでしょう。

元禄は幕府開府から約一〇〇年。五代将軍、綱吉の時代です。奇しくも、元禄が始まった年に井原西鶴が『日本永代蔵』を出しています。なにか時代の変化を象徴しているかのようです。

元禄時代、「生類憐れみの令」を出し、〝犬公方〟と揶揄された綱吉でしたが、景気は概してよかったようです。忠臣蔵はありましたが、総じて平穏な、太平の世でした。だからこそ討ち入りが高く評価されたのです。

景気がよかったのは貨幣の改鋳による流動性の増大にありました。家康が喝破したように貨幣が増えると物価は上がります。「デフレよりインフレ」は好景気の条件だからです。もちろん、これによって苦しむ人もいますが……。

貨幣改鋳で五百万両

幕府が初めて貨幣を〝改悪〟、いや改鋳したのは五代将軍綱吉の時代です。元禄八年

(一六九五年)に着手、六代将軍、家宣の時代まで続きます。悪名高い勘定奉行荻原重秀がその任に当たりました。

当時、幕府は家康・秀忠が懸命に蓄えた巨額の金銀をほとんど使い果たし、極度の財政難にあえいでいました。特に三代将軍家光は数十万の軍勢を率いて上京したり、幾度も日光に参拝したりして、湯水のように使いました。さらに明暦の大火もありました。その後遺症が出てきたのです

いわば、苦労知らずの〝お坊ちゃん将軍〟のバラマキと家綱の江戸城再建などの公共事業のツケが綱吉に回ってきたのです。もちろん、生活水準が向上、各種消費財の価格が上がった一方、米の増産が進み、「米価安の諸色高」となったことも、収入を米に頼る幕府財政を圧迫しました。

悪いことに、財政拡大をバックアップしてきた金銀の産出も減少、幕府は慢性的な財政赤字に落ち込みます。その打開の切り札となったのが、貨幣の改鋳だったのです。

荻原は、改鋳後も改鋳前と同じ価値、つまり一両は一両で小判などを流通させました。その結果、幕府は「出目」といわれる莫大な差益を手に入れます。これに味をしめたのか、以降、この手の戦略を採る将軍が多く、それが幕府の財政ピンチを幾度も救いまし

た。

荻原はまず、慶長大判の流通を禁止（といっても実際はほとんど流通していませんでしたが）、元禄大判を鋳造します。品位は約五三％。慶長大判が約六八％だったので金の比率は慶長大判の七八％に低下します。形は慶長大判と同じ楕円形でしたが、重い金の含有率が下がったので、重さを同じにするために分厚くしました。

次に造ったのが元禄小判です。品位は約五七％。慶長小判より金の含有量を五グラム強少なくし、前と同じ一両で流通させました。鋳造量は一三九三万六二二〇両（一分金、二朱金を含む）。江戸時代に鋳造された小判のうち最も多く造られました。さらに、元禄丁銀という品位六三％の銀貨も四〇万貫造っています。

銀貨はその後、財政難解消に品位五〇％、品位二〇％とさらに品位を下げます。品位二〇％の銀貨は「正徳四ツ宝丁銀」といわれましたが、銀の含有率が二〇％では銀貨といえますかどうか。

これら貨幣の改鋳による利益は家宣の時代も含め、合計五〇〇万両程度に上った模様です。これは幕府の年収の七年分前後にも当たる巨大な額でした。おかげで、幕府の台所は一息つきましたが、荻原は一身に悪名を背負いました。

ミニバブル

貨幣の品位が落ちれば当然ながら物価は上がります。品位を一〇％下げれば、理論的には物価は一〇％上がります。もし、改鋳で貨幣の流通量が増えれば、買い急ぎも起こり、それ以上に物価は上がります。

この時も物価が上がり、庶民は苦しみ、荻原はいまも悪奉行として歴史に汚名を残しています。しかも、同輩の恨みをかって、刺し殺されるという悲運にも遭遇しました。

荻原は金座、銀座を請け負った町人と結託、数十万両（一説には二六万両）の不当利得を得たとされています。まさに〝お奉行様と悪徳商人〟を地で行った格好です。

荻原は当時としては画期的な経済理論を持っていました。「貨幣が流通されるのは金の含有量ではなく、信用である」と言ったのです。これは現代も通用する理論です。

だが、相次ぐ金貨・銀貨の改鋳で通貨への信用が落ちました。特に、品位の低下が著しかった銀貨を使っていた関西は、大打撃を受けました。取引が縮小、「町中、火が消えたようになった」と伝えられています。

しかし、逆の話もあります。通貨の供給量が増えたことにより、ミニバブルが発生、金を使った関東では江戸を中心に「景気は総じてよかった」というものです。堺屋太一氏はそれを重視、〝昭和元禄〟と言ったのでしょう。

どちらも一面の真実は含まれていますが、インフレになれば景気はよくなります。全体としては幕府も町人もうるおったと思われます。その上に、華やかな元禄文化が花開いたのです。

荻原の「貨幣は信用」との言葉は貨幣の本質を鋭く見抜いています。紙切れにすぎないお札が流通するのも、政府が信用されているからこその話です。インドで金、中国で銀が好まれるのも、政府が信用されていないからです。

これは江戸時代ではなく現代の感覚そのものです。もっとも、改鋳で幕府の信用を落としたことを彼がどう感じたかを書いたものはありません。荻原は残念ながら、生まれるのが三〇〇年ほど早過ぎたのかもしれません。もっとも、今生まれていたら汚職で手が後ろに回った可能性もまた大だったでしょう。

藩札と流動性

幕府のように小判改鋳を行いにくい各藩は「藩札」を発行しました。藩札とは藩内に流通させる目的で発行した一種のお札。財政難に苦しんだ各藩が発行した〃ローカル紙幣〃とでもいったところでしょうか。

藩札には金札、銀札、銅札などがありました。米札などモノにからんだのもあります。ただ、ほとんどが金銀の裏付けがなく、信用度は低かったようです。「藩札（＝お札）の発行量は金銀の保有量で決まる」という金本位制時代の概念はまだこの時代にはなかったのです。

当然のことながら、贋藩札が出回り、各藩、その対策に苦労します。鳥取藩のように朱色を使い、「この色は鶴の血を用いた」と喧伝、防止に努めた藩もありました。オランダ語の藩札も作られました。ローマ字など知らなかった当時、偽藩札も作りにくかったことでしょう。

そうまで工夫しても、贋藩札は絶えませんでした。もちろん、各藩、贋藩札の制作者は厳罰に処しましたが……。ただの紙っ切れが金銀に替えられるとあっては、その誘惑は厳罰を超えたものだったことでしょう。根絶は所詮、無理な話です。

藩札は何十万石といった大大名だけでなく、小さな藩でも発行されました。そのほとんどは藩財政の窮迫で、紙くず同然になってしまいます。江戸時代末期まで発行され、明治になって政府が買い取りましたが、あまりに多かったせいか、途中で買い上げをやめています。

もっとも、罪だけでなく功もありました。当時は生産力が高まり、商取引が活発化し、それに対応する流動性の増加が要求されていました。ところが、輸出に回される金銀が多く、幕府は金銀が欠乏、商取引の増加に対応できなくなっていたのです。そこで、藩札が流動性を供給する形となり、景気を維持しました。そこまで荻原が理解していたかは分かりませんが……。

（二）忠臣蔵異聞

発端

五代将軍綱吉の時代を飾ったメーンイベントに忠臣蔵があります。江戸城中で播州（＝兵庫県）赤穂の領主浅野内匠頭長矩が高家筆頭の吉良上野介に刃傷に及んで切腹。家臣の大石内蔵助など四十七士がその報復に吉良上野介を討ち取ったというものです。

なぜ刃傷が起こったのでしょうか。俗説では賄賂を届けなかったためといわれています。だが、高家は殿中での礼儀作法を教えるのが仕事。もし、浅野内匠頭がミスをすれば責任を取らされます。そこで、「そんなことは考えられない」との説もあります。多少の意地悪はあったでしょうが……。

高家はこの礼儀作法を教えることで収入も得ており、賄賂ではなく教授料だったともいえます。とはいえ、今のように教授料が定まっていたわけではなく、「お志」でした。とあって、正確な額は納めにくかったかもしれません。

ちなみに、吉良の他、足利、武田など室町時代の将軍、大大名の子孫も高家になっています。高家の禄高は一万石以下ですが、位は中小大名より高く遇されています。

賄賂以外の説もあります。その一つが塩。浅野家は塩田を積極的に開拓、品質が高く、播州塩として、よい値で売れました。吉良上野介が浅野内匠頭長矩に意地悪したのは「高品質の塩の製造法を教えてくれなかった腹イセ」とか「播州塩に吉良塩の市場を奪われた復讐」とか各種の説があります。逆に「吉良家から塩の製造法を教わったのに、吉良塩の大阪売地江戸に出荷し、市場を奪ったから」との説もあります。

いずれにしろ、塩に関してだけでもこれだけ異説があるので、真相は不明です。内匠頭と同様、勅使接待を仰せつけられた伊達左京介宗春は黄金一〇〇枚と加賀絹などを上野介に贈りました。

一枚を一〇両とすると、伊達左京介は一〇〇〇両贈った勘定です。ただ、実際は大判は七両程度の小判と交換されていたので、これだと七〇〇両になります。一方、浅野家は巻絹一巻だったとか。これでは教授に熱が入らないのも人情でしょう。

賄賂社会日本

当時、日本は賄賂社会で、付け届けは当然でした。その程度のことはどの藩の江戸留守居役も知っていたはずです。しかも、内匠頭は以前に一度、勅使接待役をやっています。当然、分かっていたでしょう。『歴史よもやま話』（池島信平編、文芸春秋刊）の中で、評論家小林秀雄はこう述べています。

「賄賂を取るなんてことは、公然の秘密でね。そこに田舎大名の浅野内匠頭がボヤボヤしていたんじゃないかな。よくそういうことを知らないで。だから吉良を弁護すれば、なにもケチで欲張りということではなくて、当たり前のことをやったんじゃないかな」

接待役は費用がすべて自分持ちで、大変な失費になります。そこで、幕閣の中枢に賄賂を贈って、逃れることもできたはずです。まして、以前に一度、接待役をやっていたので、逃げ道はあったでしょう。その程度の頭も働かなかった留守居役がすべての悲劇の原因だったといえるのかもしれません。

もし、浅野家が黄金を贈っていたら、討ち入りもなかったかもしれません。もっとも、浅野内匠頭はもともとカッとする癖があったので、やはり悲劇は起こったかもしれませんが……。討ち入りの是非はともかく、忠臣蔵がなかったら江戸時代の歴史はかなり色あせたものになったことだけは間違いありません。一番儲け損なったのは上野介ではなく歌舞伎や映画会社かもしれません。

豊かな財政

浅野家は播州・赤穂で五万三〇〇〇石の小大名でしたが、塩田からの収入が多く、実質の石高ははるかに多かったようです。ただ、城普請などに金がかかり、藩札も発行しています。大石内蔵助は幕府から改易され、藩士が城を立ち退くとき、藩札を額面の六割で交換しました。これが善政といわれ、評判になりました。「額面の六割でも善政」ということは、他の藩の藩札の交換比率がいかにひどかったかが想像できます。

この時交換された赤穂藩の藩札はほとんどが処分され、ごくわずかしか現存していません。二枚とか五枚ともいわれていますが、枚数ははっきりしません。それだけに「希少価値がある」として好事家の間でもてはやされ、超高値がついています。赤穂の住民は古い蔵を探してみたら？　宝籤を買うより、利益が出る確率が高いことは間違いないでしょう。

吉良の黄金堤

吉良上野介は禄高四二〇〇石。大名は一万石以上を指しましたので、大名ではなく大身旗本並みの禄高でした。だが、室町幕府の将軍足利家に連なり、足利家に次ぐ将軍継承権第二位の名門。浅野内匠頭より高い地位にありました。

吉良家の領地は三河・吉良にあり、上野介はそこを流れる矢作川の下流に堤防を築きました。これが極めて堅固。田畑は洪水を免れるようになり、喜んだ領民はこの堤を「黄金堤（こがねつつみ）」と名付けました（『吉良上野介を弁護する』岳真也著、文芸春秋刊）。

それにしても黄金堤とは……。多額の黄金を賄賂として受け取ったからではなく、よほど素晴らしい堤だったのでしょう。吉良の地では上野介はいまも深く尊敬され、忠臣蔵の芝居もここだけは行われていないそうです。

なお「介」は「守」より一格下で、「上野国（＝栃木県）の守護代格」の位です。高家筆頭で内匠頭より高い地位にありながら、なぜ介かというと、かつて、上野国は親王が守として治めた国で、親王は赴任せず、介が治めていたからです。そこで一格下でも、実質は守と変わりませんでした。

織田信長が自称した「上総介」も、上総の国は親王が守となって支配した国だったからで、上野介と同じ意味合いです。

討ち入り費用

忠臣蔵のクライマックスはなんといっても吉良邸への討ち入りでしょう。では、討ち入りには、どの程度の費用がかかったのでしょうか。

箱根神社に『預置候金銀請払帳』という文書が残っています。これは大石内蔵助が浅野家取り潰し後に預かっていたお金をどう使ったかを、綿密に書いたものです。それによると、使ったのは総額六九一両。現在の価格に換算すると、「八二〇〇万円相当だった」とか。意外に少ない感じですが、当時の物価を考えると、現在の感覚よりはるかに多かったのではないでしょうか。

このうち、一二七両は浅野内匠頭のご内室（＝妻）に渡されて内匠頭の墓の建立などに使われました。お家再興の工作費にも六五両使っています。工作費は多分、賄賂だったのでしょう。賄賂で失敗した（？）内匠頭の教訓が生きてきたのかもしれません。残りが討ち入りの費用になりました。

武具の購入費は槍が一本二分、長刀が一本一両、鎖帷子と鉢カネに一両二分など、合計

六両。最も多かったのが江戸と上方との交通費で、討ち入りのため江戸に下った同志には一人三両が渡されています。江戸滞在の同志への生活費の補助にも一カ月二分出していまず。

大石内蔵助は京都山科に住み、吉良の密偵の眼をごまかすため、京都・祇園の一力茶屋で遊んだとされていますが、ここには入っていません。「さすが大石、公私の別はきちっとしていた」と言いたいところですが、当時はまだ一力茶屋などなく、この話はどうも眉唾です。しかも大石内蔵助は当時一七〇両しか所持しておらず、茶屋遊びなどできなかったとの説もあります。

忠臣蔵は虚実取り混ぜて構成されており、

「男でござる」と啖呵を切った大野屋利兵衛も実在していません。ただ、大石の妻陸は広島県三次市の出身で、そこには銅像が建っています。これは本当の話です。

困窮した浪人

当時、幕府は大名を取り潰して、その領地を取り上げ、逼迫した財政を補う一助にしていました。「末期養子の禁」という法令があり、主君に子供がない場合、死ぬ直前に養子を取っても藩は取り潰されました。

これで多くの大名が改易され、巷に浪人が溢れました。一度浪人になると、それは悲惨なものでした。世は太平のうえ、各藩は財政難で、召し抱えられることなどほとんど期待できません。浪人の多くが貧窮を極めました。

映画、テレビでは爪楊枝を作ったり、傘を作る浪人がよく出てきますが、それでどの程度、稼げたのでしょうか。「いっそ、華々しく討ち入りを」とか「討ち入りすれば就職ができるかも」と考えた赤穂藩士もいたかもしれません。いや、多分、いたことでしょう。現にそのような説を唱える学者もいます。

五所平之助監督の名作「切腹」では、貧窮に堪えかねた武士が「切腹したいのでお庭先を貸して欲しい」と大名井伊家に頼む場面があります。実際、それに似たような状況に追い込まれた武士も多かったことでしょう。

四代将軍家綱の時代には困窮した浪人が天下を覆そうと由井正雪の乱を起こしました。それほどに追いつめられた浪人がいたのです。

綱吉は大名、旗本を集め、「聖賢の道」を講義し、「生類憐れみの令」で生き物を憐れみました。だが、生身の人間に対して行ったことは真逆だったのです。

「綱吉が地獄の最深部に落ちることになったが、亡くなった兄綱重の懇願で極楽に行けた」。綱吉が亡くなると、こんな物騒な落書が出回りました。将軍批判はタブー。下手をしたら、死罪、遠島にもなりかねません。それなのに、このような落書が出るなど、よほど、民衆は綱吉の政治に腹にすえかねていたのでしょう。

とあって、生類憐れみの令は綱吉が「続けよ」と命じたにもかかわらず、綱吉死後、すぐ廃止されています。当然といえば当然ですが、このような無茶な法令が長く続いたことは、いかに将軍の勢威が強かったか、大名が意気地なしだったか想像できます。

（三）豪商と西鶴

上方の銀遣い、江戸の金遣い

「上方の銀遣い、江戸の金遣い」。江戸時代、こんな風にいわれました。関西は商売に主に銀を、関東は金を使ったからです。上方で商業が発達したのは「江戸で使われた金貨は四進法で使いにくかったが、上方の銀貨は一〇進法で計算しやすかったのが一因」との説もあります。

もっとも、上方といっても、西日本だけを指していたわけではありません。陸奥、羽後など東北地方や日本海側の越前など、多くの地域で銀が使われていました。これらの地域は船を使って上方、特に大坂に各種物産を運ぶなど、大坂商人と直結していたからです。いわば、「地域ではなく大坂商人の商圏が銀遣い」だったのです。

金遣いの江戸でも銀は使われました。『江戸の経済システム』（鈴木浩三著、日本経済新聞社刊）によると、「上等なお茶、材木、呉服、薬代、砂糖の購入」、「職人の賃金」、「商人間の大口取引」、「大名、旗本の出入り商人から購入した物への盆暮れの決済」などは、銀で行われたとのことです。

ところが、「吉原の遊行費、大名の留守居役の書画など贈答品の購入」は金でした。贈答品はいわば賄賂。「賄賂の購入は金」だったのです。もちろん、庶民の生活費は銀どころか銅銭が単位だったことはいうまでもありません。

将軍からの下賜も「大名には金、旗本には銀、それ以下には銭」と明確な差がありました。こうも細かく分かれていると、それを知らないと生活できません。地方から江戸に来た武士、町人はかなり難渋したのではないでしょうか。

江戸時代は前例尊重社会だったので、金の使い方だけでなく、殿中でのしきたりなど厳しいものがありました。それをはずれると「お家断絶、切腹」にもなりかねません。これが吉良上野介など高家に活躍の場を提供していたのです。

実録、紀伊國屋文左衛門

江戸時代初期の長者、お大尽といえば、淀屋、鴻池ですが、中期でまず指を折るとしたら「紀文」こと紀伊國屋文左衛門でしょう。嵐をついてミカンを船で江戸に送り、初物好きの江戸っ子に受け、巨万の富を得たといわれます。この様子を「沖の暗いのに白帆が見ゆる、あれは紀ノ国ミカン船」と歌手三波春夫は名調子で歌っています。

しかし、これは俗説。明暦の大火の時、木材を買い占め、幕府などにも売りつけ、大儲けしたというのが本当の話です。いわば、木材問屋であり政商でもあったのです。この時の紀文の利益は莫大。一説には一〇〇万両ともいわれています。

元禄時代の長者番付によると、紀文の資産は五〇万両で、横綱と記載されています。そこで、「利益一〇〇万両」はちょっとオーバーですが、火事で稼ぎまくったのは事実です。もっとも、紀文の財産には諸説あり、本当のところは紀文しか知らなかったでしょう。

紀文はその後、十文銭の鋳造を幕府から請け負います。ところが、質が悪く、綱吉の死去とともに一年で通用が停止されました。現代でいえば不良商品を納入、取引停止の処分を受けたといったところです。これで、大きな損を被り、徐々に力を失っていきます。

紀文といえば、まず頭に浮かぶのが豪快な遊びっぷりでしょう。「水の中に小粒の金を蒔き、それを裾をからげた遊女に取らせた」とか、「三〇〇両を大根おろしの中に入れ、遊女に箸でつまみあげさせた」など、今も人口に膾炙しています。

吉原を総揚げ、つまり借り切りにして、一晩に三〇〇〇両使ったという話も残されています。額はともかく、豪遊は本当のようで、「きのくにや、みかんのように金をまき」と川柳にも詠まれています。

もっとも、これらの遊蕩は幕府の役人を接待したためで、いわば交際費。金を賄賂や宣伝の道具に使ったのです。まさに、〝お奉行様と悪徳商人〟という時代劇の定番を地で行った格好です。

この時、〝お奉行様役〟を演じたのが時の老中阿部正武でした。多分、彼の懐には時代劇のように大判・小判が転がり込んだことでしょう。それにしても、吉原の借り切りとは。大蔵官僚の「ノーパン、しゃぶしゃぶ」とはスケールが違います。現代は官僚も小粒になったものです。

紀文は木材店を閉鎖しましたが、享保二年（一七一七年）、東京・深川の富岡八幡宮に総金張りの御輿三基を奉納しました。大火で社殿が焼けた時も、建立に力を注ぎ、全財産を寄付したともいわれています。

全財産はともかく、多額の寄付はしたようです。もっとも、巷間いわれているように没落した訳ではありません。吉宗の時代まで生き延び、かなり裕福な晩年でした。全財産の寄付も紀文得意の宣伝だったのではないでしょうか。

ちなみに、成金の元祖、鈴木久五郎は株で失敗、後世は長屋暮らしでした。「鈴木久五郎は虚業、文左衛門は実業」との違いがあったのかもしれません。

奈良屋茂左衛門

紀文と並ぶ横綱格のお大尽に奈良屋茂左衛門、通称「奈良茂」がいます。「昔、奈良茂・紀文とて一双の豪夫ありしは世の知れる所なり」とも称されました。紀文同様、幕閣に食い込み、日光東照宮の修理用木材を引き受け、巨額の富を貯えました。まさに、公共事業で大をなした政商でした。

奈良茂は亡くなる直前、財産を書き残しています。それによると、彼の財産は「家屋敷三〇カ所、現金約四万八〇〇〇両、大名などへの貸し金四万両、締めて一三万二〇〇〇両」となっています。「土地、貸屋を含めると一六万両だった」との説もあります。真偽は不明ですが、意外に少ない感じです。とはいえ長者様の資格は十分です。

紀伊國屋文左衛門同様、吉原で豪遊、その遊びっぷりがいまに伝えられています。だが、これは息子の話。奈良茂自身は茶屋遊びなど豪遊は一切していません。彼は紀文と異なり、根はしっかり商売に励んだ締まり屋の商人でした。

もっとも、この言い方はちょっと語弊があります。紀文も立派な商人で、豪遊ばかりしていた訳ではありません。そんなことをしていて金持ちになれるほど世の中甘くはないのです。

奈良茂は亡くなる少し前の正徳四年（一七一四年）、こんな遺言状を書いています。「着物は絹ではなく木綿を使い、遊山などは一切してはならない」、「慎んだ生活をせよ」だが、奈良茂の願いは通じませんでした。奈良茂の息子は典型的なドラ息子で、遊里で遊び、親が残した一〇数万両の遺産を使いまくります。奈良茂は「商売はしないで家賃、地代で暮らせ」とも書き残していますが、これでは何をしてよいか分かりません。精力のはけ口もなく、豪遊したという学者もいます。

親の遺産を守るだけの人生など意味はありません。豪遊も当然の帰結だったのでしょう。「児孫に美田を買わず」と言った西郷隆盛と比べるのも酷ですが、息子より財産を大事にした奈良茂の方に罪があったのではないでしょうか。

もっとも、奈良茂の息子が豪遊しても遺産を使い切れず、天明元年（一七八一年）にはまだ、一万両相当の家屋敷が残っていました。初代の蓄財のおかげで、奈良屋は幕末まで生きながらえたのです。

越後屋千両

三井財閥の礎を築いた越後屋呉服店。庶民相手に商売して利益を上げ、江戸時代屈指の豪商にのし上がりました。幕府密着型の紀文や奈良茂とは真逆な手法でした。

越後屋は伊勢・松坂で三井八郎右衛門が呉服店を開き、延宝元年（一六七三年）江戸に進出しました。反物を切り売りし、「現銀（金）掛け値なし」という定価、現金払い商法で大きな利益を上げました。当時、値引きは当然。しかも夏と年末の年二回払いが普通だったので、革命的な商法でした。

このころ、江戸ではやった言葉に「芝居千両、魚河岸千両、越後屋千両」があります。どれも「一日の売り上げが千両ある」という景気のよい話です。当時の江戸は人口が約一〇〇万人。世界最大の都市に成長していました。それを象徴するような話です。その繁盛ぶりを俳人宝井基角は「鐘一つ売れぬ日はなし江戸の春」と詠んでいます。

越後屋はいうまでもなく三越の前身。戦前、有閑マダムに愛され、「今日は帝劇、明日は三越」との戯れ歌がはやりましたが、当時は庶民相手のまったく違った商売風景でした。

組織もユニーク。小さいころから住み込みで働かせて人材を養成、チームで売らせました。「よく売ったチームには一両のボーナスも出した」とか。当時の定番的な商法は番頭が特定の顧客を抱え込む手法だったので、個人プレーとは逆の戦略でした。越後屋は組織営業の元祖でもあったのです。

越後屋の創出者三井家には別の顔もありました。家訓で「大名貸しをするな」、「政治に深入りするな」などと定めておきながら、紀州徳川家とは深く関わったのです。三井文庫によると、明和六年（一七七〇年）、紀州徳川家に三四万四八三七両を貸し付けています。幕府にも食い込み、「幕府の公金為替は全て三井が握っていた」といわれるほどの政商にのし上がります。

もちろん、幕閣に食い込むには紀文同様、多額の賄賂を使ったことでしょう。「越後屋、そちも悪じゃのう」というコマーシャルがありましたが、それと似たような鼻薬をかがせたのかもしれません。

住友財閥は銅で大をなしました。祖先が四国・別府の銅鉱山を開発、巨額の富を得て、それを元手に各分野に進出します。田沼時代、日本は金銀流出に耐えかね、主力輸出商品

を銅に移しましたが、これには住友も大きな役割を果たしました。

金持ちほど高貴な家系

「金銀が町人の氏系図なるぞかし」。これは井原西鶴の有名な言葉です。「金持ちほど高貴な家系」というわけです。身も蓋もない表現ですが、この伝でいうと、長者はまさに「氏系図が最高の町人」となります。武士の世界に置き換えると、さしずめ足利家か徳川家といったところでしょうか。

一両の価値は江戸時代では大きく変わりますが、中ごろでは一両は一三万円程度ともいわれています。というと「二万両を持つ長者様は二六億円以上の富の所有者」になります。これをドルに直すと一〇〇万長者どころか一〇〇〇〇万長者で、海外の大金持ちにも引けをとりません。

一両の金の含有量を一五・五グラムとすると、長者様は一三一キロの金を保有していることになります。一グラム五〇〇〇円とすると、一五億五〇〇〇万円。これまた庶民には手が届かない金額です。

一〇〇万長者などといった言葉もあり、長者はいまも、庶民のあこがれの的ですが、お大尽は「大尽風を吹かす」などあまりよい意味には使われていません。江戸時代もお大尽には「大金持ち」という意味と「吉原など遊里で遊ぶ金持ち」という二つの意味がありました。大金持ちに対する庶民の嫌みがちょっと込められている感じです。

日本永代蔵

この時代の商人の生態を書いた第一人者が井原西鶴です。西鶴は『日本永代蔵』で至富への道を解き明かし、『世間胸算用』では富には縁のない、やるせない庶民の生き様を描いています。

『日本永代蔵』では「銀（かね）さえあれば、何事もなる事ぞかし」と、大坂商人に本音を語らせています。同時に「四十五までに一生の家を固め、遊楽することに極まれり」とも述べています。

「若いときは金を儲け、歳取ってからはそれを使え」というわけです。〝現世享楽主義〟を高らかに謳っています。だが、いくら利益を上げても、有利な投資先を見いだせなかった封建主義社会の桎梏が、西鶴にこのような言葉を吐かせたのかもしれません。

商業蔑視の幕府の政策が資本蓄積による拡大再生産ではなく、お金を遊興に向かわせ、それが日本の経済成長を妨げました。このような矛盾を西鶴は商業の地大坂で肌身に感じていたのでしょう。

天井にガラスの箱を作らせて金魚を入れた淀屋、豪遊に明け暮れた紀文や奈良茂の息子。彼らの行為も実は儲けた金の投資先がなかったからかもしれません。幕府の重農主義政策が資本蓄積を妨げ、日本が欧米に後れを取る大きな要因にもなったのです。

世間胸算用

『世間胸算用』では一転、金儲けではなく、庶民の生活を描いています。だが、「年末に金に困った元一二〇〇石取りの旗本の妻が、たかり同然の行為をする」など、生活に苦しむ浪人などにも筆を進めています。

江戸時代、「武士は食わねど高楊枝」という言葉が生まれました。だが、それとはまるで無縁な悲惨な世界です。大名取り潰しで、このような武士は数多くいたのではないでしょうか。もちろん、〝高楊枝派〟の武士もいたでしょうが、それは小禄でも知行を得ていた武士で、西鶴の表現の方が正鵠を射ている気がします。

大名も例外ではありません。経済学者太宰春台は『経済録』で、「大名の金主を恐れること鬼神を見るがごとき」と書いています。大名が頭をたれて商人から借金した結果、首が回らなくなったというものです。もっとも、大名は食うに困ることはなかった〝高楊枝派〟だったでしょうが……。

貨幣経済の浸透により、士農工商の順位は徐々に逆転していきます。その最初の表れが好景気に沸いた元禄時代でしょう。堺屋太一は経済学的には元禄時代が江戸時代のターニングポイントだったとみて、『峠』という小説を書いています。

だが、徳川家も大名も旗本も今が峠とは気づいていませんでした。華やかな元禄の後に、幕府は財政難でにっちもさっちも行かなくなり、その解消に享保、寛政、天保の改革という規制政策、重農主義政策を行います。

商業のというより生産力の発展が米に頼った武士の窮乏を招いたのにもかかわらず、「権現様（＝家康）に帰れ」と江戸時代初期の米中心の経済体制へ戻そうとしたのです。そう考えると紀伊國屋文左衛門の出現は荻原同様、早過ぎたのかもしれません。

両替商への転身

当時、金を儲けると、仕事をやめ、両替商に転身したり、家賃収入で暮らしを立てるという商人が多かったようです。淀屋、鴻池、越後屋、奈良茂と、長者はこぞって「大名貸し」に進んでいきます。「売買より金融」が、その後の日本の商業、さらには日本をゆがめた社会にしていったことは間違いありません。

政治権力が肥大化し、社会の隅々まで支配した時代。ちょっと風向きが変わると、豪商といえども吹っ飛ばされかねません。淀屋が無理無体の理屈で財産を没収されたように、政治の風向きを読まないと生き残れません。政治は御法度という家訓通りにはいかなかったのです。「家訓は家訓、金儲けは金儲け」と割り切っていたのかもしれません。いや、そうでないとサバイバルできなかったのでしょう。

この時代はまだ、紀文、奈良茂など政商が力を持っていましたが、その後、庶民生活の向上とともに変わっていきます。越後屋呉服店など大衆相手の商人や河村瑞賢など船を使った輸送業者、鴻池など両替商といった金融業者が力をつけていきます。しかし、それもまた政治との結びつきを強めていきます。江戸時代は町人には「庶民向けと政治向け」の二刀使いが要求された難しい時代だったのです。

（四）変わる美意識

絵画の変遷

俵屋宗達、尾形光琳、伊藤若冲……。この時代、芸術も大きく花開きます。キラ星のごとき天才、鬼才が腕をふるいました。いずれも安土・桃山時代の豪壮な気風を江戸時代に引き継いだ絢爛たる絵画を今に残しています。

だが、作風は大きく変わります。宗達の国宝「風神雷神図屏風」、光琳の国宝「紅白梅図屏風」はともに金をあしらった豪華な屏風ですが、金箔の地に松といった狩野派とは大きく異なっています。

狩野派は一時ほどの勢いはなくなりましたが、それでもまだ、武家に食い込み命脈を保っていました。一方、背景に金箔を用いた光琳の画風を嗣いだ琳派が力を増し、その後も、金を多用した画風を守っていきます。

しかし、絵の題材は変わっていきます。「紅白梅図屏風」はまだ、桃山時代の作風の延長線上にあるように思われますが、桃山時代とはかなり違っています。

国宝「八橋蒔絵硯箱」は伊勢物語から取ったモチーフを描き、記念切手にも使われています。「風神雷神図屏風」になると、その題材はかつてない新風が感じられます。

伊藤若冲は京都を中心に活躍した画家。狩野派から学んだといわれていますが、その後、狩野派を離れ、独自の画風を確立しました。やはり金をバックに使うなど絢爛豪華な作風の絵もあり、かつてみられなかったほどの極彩色に富んだ作風の作品が数多くあります。

残念ながら日本より海外で高く評価され、幕末に海外の収集家などが大量に買い集め、多くは海を渡っています。いや、若冲に限らず、多くの作品が海外に流失しています。まさに国家的損失ですが、世界に日本の芸術の高さを伝えています。

金に埋没した絵画

金を使った絵画には批判もあります。金色に事物が埋没し、「近代的遠近法など生まれようもなく、画面における的確な立体的な空間は生まれようもなかった」（『日本美の構造』田中日佐夫著、講談社刊）との指摘が、その代表格でしょう。

金はそれ自体、うまく使いこなせば、効果的な工芸、絵画素材です。だが、狩野永徳や尾形光琳のような天才ならともかく、凡人には使いこなすのは難しいのかもしれません。

田中氏は「ヨーロッパの美術は金を排除することで近代的遠近法、立体的空間を獲得した」とし、次のように述べています。

「日本のルネッサンス＝近代的個性の確立時期は、黄金のなかに埋没し、沈んでしまったのである。その意味では日本は『黄金の国』であった」

逆説的な説明ですが、そういえば、一九世紀、金を多用したウイーンの天才画家グスタフ・クリムトの絵も平面的で立体感は感じられません。「近代的個性の確立」が本当に黄金に埋没したかどうかはともかく、当時、日本の絵画に金を多用する傾向がありました。

宗達、光琳の金を巧みに使いこなした作風はまた、大きな魅力をいまに残しています。立体感はつくり出せなくても金はやはり芸術には欠かせない素材だったのです。それが金を埋没させた浮世絵の時代を経て明治に復活します。

ちなみに、忠臣蔵の舞台となった江戸城の松の廊下の壁には映画、舞台では狩野派が得意とした金箔の上に大きな松が描かれています。だが、「実際はそうでなかった」との新説をNHKが出しました。

「松の廊下は開放された空間ではなく、雨戸が閉め切られていて暗かった」というものです。これでは金の輝きは感じられません。だが、忠臣蔵には「金地に松」の廊下がよく似合います。真偽はともかくとして……。

衣装比べ

巨万の富を蓄えた町民は華美に走ります。その主役もまた金(きん)でした。元禄時代の少し前の延宝年間(一六七三~八一年)、京都・東山で東西の豪商による衣装比べが行われました。京都の難波屋十右衛門の妻と江戸の石川六兵衛の妻が衣装の豪華さを比べ合ったのです。

難波屋の妻は緋綸子に京都の名所を縫い取った金を使った衣装。一方、石川の妻は黒羽二重に南天の立ち木の模様を染めた地味なもの。当然、難波屋に軍配が上がると思われました。ところが、南天は高価な珊瑚の珠を縫い付けたものと分かり、石川の妻が逆転勝利します。珊瑚と金糸のどちらが華美かは分かりませんが、富の集積が進んだ一方、投資先がない資金がこのような方向に向かったのです。

このような商人の度外れた贅沢に怒った綱吉は両者を厳罰に処しました。以降、小袖模様に金糸を縫い付けるなど抑えた感じの衣装がはやったとか。「表は地味でも裏は豪華」という屈折した江戸の美意識が広まり、日本の美を一変させます。これは綱吉の激怒が生んだ産物だったのです。

同工異曲の挿話が尾形光琳にもあります。

「嵐山で花見が行われた時、京都の富裕な町人は金銀螺鈿をちりばめた重箱で食事を取っていたが、光琳の弁当は地味な竹の皮の包みだった。ところが、それを開くと中は一面、金箔を押した花鳥風月の蒔絵が描かれていた。光琳は食事を終えると、その包みを未練なく川に投げ捨てた」

もし、この包みが残っていれば国宝か重文になったかもしれません。それはともかく、豊かな芸術の花は町人の富という土壌の上に開いたのです。

金を使った豪華な絵画、装飾はしだいに影を薄くしていきます。「金の輝きを失った時、日本の文化はその性格を一八〇度変えた」と言ってもよいのではないでしょうか。

金を侮蔑する感情も

商業の発達は日本人の美意識をも変えました。『日本文化の表情』（梅棹忠夫＋多田道太郎編、講談社刊）では「金に対して侮蔑の感情が出てきた」として、こう述べています。「これは金が流通のための金貨として、金銭そのものになったからである。金銭を尊ぶことを潔しとしない態度が、素材としての金そのものにおよんでいくのである。たとえば日光東照宮の陽明門を徐々に美と感じなくなっていく意識である」

貨幣経済の浸透が美意識を変えたというわけです。「米価安の諸色高」は武士の生活を困窮させ、その裏返しとして江戸時代中期から後期には「武士は食わねど高楊枝」、「江戸っ子は宵越しの金は持たない」といった極めて日本的な表現も出てきます。これも金(きん)から眼を背けさせていきます。金は貨幣を通じて、生活にはなくてはならないものになり、それが芸術からも意識からも金を排除するようになっていったのです。

代わって、芭蕉の「わび」、「さび」が日本文化の中に深く浸透していきます。それが金中心の絵画や工芸品に影響を与えただけではなく、日常生活にまで及んできます。

「古池や蛙飛び込む水の音」に代表される蕉風と呼ばれる俳諧には、枯れた寂しい風情が漂い、金はほとんど登場してきません。いや、登場する余地はありません。

平安後期、良暹法師が「寂しさに宿を立ち出でて眺むれば、いずこも同じ秋の夕暮れ」と詠ったとき、そこには末法思想に彩られた絶望的な世の中がありました。蕉風が一世を

風靡した江戸時代は時代背景としては全く、異質ですが、そこには繁栄の峠を越えた、平安貴族の一種の寂しさと似通ったものがあったのかもしれません。
　ただ、平安時代は、その寂寥を仏の救いに求め、黄金文化を咲き誇らせましたが、江戸時代は逆に動きます。民度が上がり、文化が貴族のものから庶民のものになったのが大きかったのかもしれません。観念の世界に遊んだ平安貴族と日々の暮らしに喜ぶ庶民の違いが、「金」に対する思い入れの違いとなって表れたといったら言い過ぎでしょうか。そんな中、金は仏壇、仏像に形を変え、庶民の中に浸透していきます。

豪華な装い洛中洛外図

引き続き、金を多用、豪華絢爛な筆使いを守った絵もありました。それが「洛中洛外図」です。洛中洛外図は日本に一〇〇〇点ほど残されていますが、いずれも金を多用した表現手法に変化はありません。

だが、題材はその時代時代を象徴しています。江戸時代初期、洛中洛外図は徳川家の京都拠点二条城が描かれ、豊臣家に代わった徳川家の天下を表しました。ところが、中期のものには朝鮮通信使(=朝鮮から日本への使者)が描かれています。

洛中洛外図はその意味では〝歴史の語り部〟ともいえるでしょう。それを長く保存したもの、それが錆びもせず、朽ちもしない金でした。

江戸時代に作られたものとしては今井町本、守護家本などがあり、いずれも六曲一双金地着色の豪華なものです。今井町は奈良県にある商業の町で「奈良の富の半分を領した」ともいわれる商業の一大中心地で、その富が凝縮したのが洛中洛外図でした。今井町にはいまも当時の町並みが保存され、往時をしのぶことができます

（五）白石と吉宗

儒者白石

華やかな綱吉の治世が幕を閉じ、六代将軍徳川家宣の三年の短い治世を経て、七代将軍徳川家継の時代の幕が上がります。貨幣の改鋳は綱吉の時代だけではなく、この家宣の時代も行われました。

引き続いて荻原が手掛け、綱吉の時代より多く改鋳されました。それにもかかわらず綱吉時代の改鋳が喧伝されたのは、元禄という華やかな時代こそ、貨幣改鋳にふさわしいと考えられたのかもしれません。改鋳は「時代の産物」であり、それは人物と密接に結び付いて語られたのです。

家宣の時代に鋳造された金貨は「乾字金」といいます。乾は八卦の最初の卦で「強い」を意味しています。乾字金の金の含有率は慶長小判に近かったのですが、重さは半分強だったので、金の含有量は約半分にとどまりました。そこで、ここでも幕府は巨額の出目を得ました。銀も改鋳、両方で二五〇万両以上にのぼったといわれます。

前述したように、この改鋳は幕府だけでなく荻原や金座・銀座の町人の懐をも潤しました。改鋳手数料だけでなく、〝役得〟もあったのでしょう。それに怒ったのが新井白石です。「荻原を追放、荻原と結託してぼろ儲けした金・銀座の年寄り四名を島流しにする」という荒療治を行いました。

白石は高名な儒者で、家宣が甲府の大名（当時の名は綱豊）だった時代に仕え、家宣が六代将軍になると政治の実権を握ります。儒者らしく、現実より理念が先行、理想の政治を掲げ、荻原とは全く逆の政策を行います。名高い正徳の治です。ただ、現状を見ずに実行したために、総じて失敗。不景気な世を招来してしまいます。「治」とはいうものの、実態は「治からほど遠い治世」でした。

ちなみに、河村瑞賢が白石の高名を聞いて「娘の婿に」と切り出したところ、断られたという挿話があります。当時、儒者になるには「利根（天分）・気根・黄金」の三根が必要といわれていました。白石は利根も気根も持っていましたが、黄金は持っていませんでした。つまり、〝貧乏儒者〟だったのです。

それでも、商家の入り婿には首を縦に振らず、黄金に屈することを潔しとしない気風を持っていました。それだけに、高い志を持ち、天下に羽ばたく夢を持っていたのでしょう。

もっとも、河村瑞賢も歴史に名を刻んだ大商人。白石の志を了とし、怨むことはなく、陰に陽に白石を助けたといわれています。

品位高めた正徳小判

「荻原が行った貨幣改鋳による品位低下がインフレを招き、庶民の生活を圧迫した」。こう考えた白石がまず変更したのが通貨政策です。白石は荻原とは逆に、貨幣の品位を高める策を取りました。

白石は「金の品位を高めれば経済は安定する」という中国で流行した金に対する神秘的な考えを信奉していました。その考えに則り、「家宣の遺命である」として正徳四年（一七一四年）、金の含有量を増やし慶長小判に近い品位、同じ重さの金貨を発行します。これが「正徳小判」です。

当時は、幕府開府から一〇〇年以上たち、生産力が上がり、商業が発展、多額の貨幣、つまり流動性を必要としていました。最大の生産物米は関ヶ原の合戦のころ、年産一八〇〇万石台だったものがこのころには二六〇〇万石ほどに増えています。

となれば、貨幣の流通量もそれに比例して増やすのが当然です。このように生産が増えていた時に貨幣の流通量を減らせば経済原則に反し、ろくな結果を招きません。デフレに陥り、世は一気に不況になってしまいます。

経済に無知な白石

白石は経済についてはまるで無知だったのです。日本では、いや、どこでも社会の実情を無視した理念先行の政治は混乱をもたらします。英国の名誉革命、フランス革命、ロシア革命……。それは、日本でも例外ではありませんでした。

白石は清廉潔白な性格もあり、高く評価されていますが、その政策は的外れで、庶民にとっては〝悪宰相〟だったのです。金権には屈しませんでしたが、金（きん）には敗れた格好です。

面白いことにこの間、人口も一八〇〇万人から二六〇〇万人程度に増えています。生産力の増加と人口の増加が比例し、一石＝一人という形に変わりはありませんでした。鎖国していた当時、胃袋の大きさが変わらなければ、人口と米の生産量は比例せざるをえなかったのです。

ちなみに、新井白石の時代、幕府の金蔵には三七万両しかなく、家康の時代の一〇数分の一程度でした。驚いた役人が白石に報告したところ、「年貢収入が七八万両ある。それと合計すれば一一〇万両余になり心配無用」と言ったとか。

当時の幕府の財政規模はこの程度だったのです。それにしても、白石は幕府の年間支出がどの程度か分かっていたのでしょうか。

享保小判

家継の三年の短い治世の後、〝中興の祖〟八代将軍吉宗が登場します。吉宗は白石の政治をほとんど否定しました。ところが不思議なことに、通貨に関しては新井白石の良貨主義、いわゆる〝理念先行型通貨政策〟を踏襲しました。

吉宗は新しい小判「享保小判」を鋳造します。享保小判は正徳四年（一七一六年）に発行されました。享保といってはいますが、発行年は正徳年間だったのです。もっとも、享保二年（一七一七年）発行という説もあります。

享保小判は重さ一七・九グラム。正徳小判と同じですが、金の含有量は一五・五グラムで〇・五グラム多くなっています。これは慶長小判と並び、江戸時代の小判で最高の品位を誇っています。

享保三年（一七一八年）には、「新金銀通用令」を発令、正徳金銀貨を基準にして金の含有量に応じて交換させています。この時、金一両を銀六〇匁にしました。江戸時代創生時の慶長時代は一両が五〇匁でしたが、元禄一三年（一七〇〇年）に金一両を銀六〇匁としました。それを再度定めたものです。

良貨主義、吉宗の失敗

同時に、両替商に仲間をつくらせ、貨幣相場を安定させる〝管理通貨型規制〟を導入しています。だが、経済規模が拡大している時代に良貨による通貨縮小政策を行ったらうまくいくはずがありません。デフレはさらに深まり、不況は深刻化します。

さすがの吉宗も誤りに気づいたのでしょうか、享保二一年（元文元年＝一七三六年）には金の含有量を享保小判の五五％に抑えた「元文小判」を発行します。良貨政策は約二〇年で挫折したのです。

元文小判は重さ一三・一グラム、金の含有量は八・六グラム。荻原の政策に戻った格好です。金の含有率も荻原時代に近づいています。これが当時の商業の発展にマッチしたのでしょうか、経済は小康状態となりました。だが、小判の品位を落としたことで、物価が上がり、庶民は苦しみました。当時、こんな落書も出ています。

「元文元年金銀半分、新銭三貫せけんこんきゅう（＝世間困窮）、借金へるとも金にやなし、米しやかさず質屋とらず、かせぎやなし（以下略）」

また、古の和歌になぞらえた替え歌も出ました。小野小町の替え歌は「おのおのこまり」として小町の「花の色は移りにけりないたずらにわが身世にふるながめせしまに」を替えて「色をみてうろたへるのは世の中の、人の心は金にこそ有りけり」という歌にしています。

僧正遍昭の替え歌もあり、「古銀のにごりにしまる色をもて、など銅（からがね）を銀とあざむく」というのも出ています。「銅を銀と欺く」とは言いも言ったりです。川柳、俳句には幕府批判の句は殆どありません。下手をしたらお手手が後ろに回るだけでなく、遠島にも処せられるからです。それにもかかわらずこんな歌が詠まれるとは……。吉宗の悪政によほど腹を据えかねたのでしょう。

両替商

江戸時代、再三述べたように、大坂では銀が、江戸では金が主に流通し、銀は貫、金は両で計算されていました。さぞめんどうだったと思われますが、さほどではなかったようです。大坂、江戸間で為替による交換が行われ、金銀を東海道で持ち運びする必要があまりなかったからです。この両替を行ったのが、金持ちの代名詞「両替商」でした。

『江戸の経済システム』（鈴木浩三著、日本経済新聞社刊）によると、一口に両替商といっても、大小、様々でした。江戸では本両替と脇両替があり、脇両替はさらに三組両替と番組両替に分けられていました。

両替商は享保三年（一七一八年）、株仲間として公認され、六〇〇人に制限されましたが、安永九年（一七八〇年）に六三五人、天明四年（一七八四年）に六四三人と漸増しています。重農主義者吉宗の治下でも商業は確実に発展していたのです。

本両替は金銀を扱い、「為替、貸付、新古金銀の引換、上納金銀の鑑定・包立、両替仲間の統制、金銀相場の幕府への報告」など多彩な業務を行っていました。つまり、現在の銀行とほぼ同じ業務をしていたのです。両者とも多くは酒屋、質屋、油屋など他の商人が兼業として行っていました三組両替は銭両替ですが、金銀も扱い、番組両替は銭だけを扱いました。何となく、現在の地方銀行、信用金庫などを思わせます。江戸の本両替町（現在の日本橋本石町）、駿河町などの往来には三組両替、番組両替が集まって銀相場が建てられました。後には相場立会仲間を結成します。取引手法は大坂と同様、「金一両に対して銀何匁」、「金一両に銭何貫」という形でした。

だが、なんといっても、取引が大掛かりに行われたのは大坂でした。大坂では本両替、南両替、三郷銭屋仲間に分けられ、南両替が江戸の三組両替、三郷銭屋仲間が江戸の番組両替に相当しました。

両替商は嘉永期には本両替が一七九人、南両替が五四四人、銭屋仲間が六一七人。本両替の上に、十人両替もあり、これが江戸の本両替に相当、本両替を監督していました。大坂では諸般の掛屋、蔵元を兼ねる場合が多く、江戸同様兼業が主流でした。

両替商というと、時代劇では〝お奉行様と結託した悪徳商人〟として描かれることが多いのですが、実際は現在の銀行と同じで、経済の潤滑油としてなくてはならない存在でした。

若干、時期は変わりますが、両替商が江戸で六四三人、大坂では一三四〇人を数えた時もありました。当時、大坂は人口が三〇万～四〇万人。それに比較すると「え、そんなにいたの」といえそうな数です。この両替商の数は商業がいかに発達していたか、大坂と江戸の取引がいかに活発だったかを暗示しています。

金相場会所の設立

吉宗は「金相場会所」なる組織もつくりました。というのも、吉宗は金一両＝銀六〇匁と定めましたが、必ずしも守られなかったからです。

江戸時代、金、銀の流通量に差があり、金銀間の需給が変わり、交換比率がよく変わりました。そこで、幕府は禁止したにもかかわらず、金と銀の需給に基づく取引が行われており、それを享保一〇年（一七二五年）、公に認めたのです。

金相場会所は最初、大坂・高麗橋筋にありましたが、寛保三年（一七四三年）、大坂・北浜に移りました。もっとも、この会所で金銀を売買できたのは本両替屋の相場役だけ。当時、大坂で雨後の竹の子のように設立された南両替屋、銭両替屋などは取引を見ることはできても売買には参加できませんでした。いわばオブザーバーというわけです。

立会は正月三箇日と五節句を除いて毎日午前一〇時から一～二時間。取引時間中、いつ

でも取引される「ザラバ取引」という方法です。毎朝、四つごろに拍子木を打って、取引を開始し、最後は、拍子木を打って終了を知らせました。それでも止めないときは水をかけました。相撲の「水入り」という言葉はこれに由来しています。

最初の取引価格を「寄付値段」、終了時の価格を「引方値段」、日中の最高、最低価格の平均価格を「中値」といいました。いま商品先物取引や株式で使われている「寄付値」「引け値」はここからきています。

取引価格は「金一両当たりの銀価格」で表示しました。売買単位は一〇〇両以上。即日決済でした。取引単位が最低一〇〇両とは。これをみても、当時の商人の財力の途方もない大きさがうかがえます。これでは庶民はもちろん、かなり裕福な町人でも容易に参加できません。まさに〝長者様同士の争い〟だったのです。

大岡越前守

「大岡裁き」で知られる名町奉行大岡越前守忠相。三方一両損など、判決のほとんどは本当ではなかったといわれています。ただ、経済政策ではみるべきものがありました。「吉宗の失政を救ったのは越前守だった」といっても過言ではありません。

実は、純度を落とした元文小判、元文丁銀の鋳造を吉宗に進言したのは大岡忠相だったのです。「経済拡大には流動性が必要」という常識が白石、吉宗は分かっていませんでしたが、大岡にはよく分かっていたのです。

大岡は吉宗の紀州藩主時代の家臣で、伊勢・山田奉行をこなしました。それだけに、下々の事情に通じていたのでしょう。庶民に顔を向けた政策をとったあたり、やはり名奉行の名に恥じない人物だったのです。

大岡は商品先物取引の制度確立にも貢献しています。日本は江戸時代初期、大坂・淀屋の庭先で米の決裁を先に延ばす「延べ取引」が行われ、それが先物取引に発展したのです。

以降、幕府の幾度もの禁止にもかかわらず密かに行われていました。投機で金を儲けようというのではなく、先物取引を使えば、価格を固定化でき、在庫を持っていても安心して眠ることができたからです。先物取引は「米の価格変動から経営を守る」手段だったのです。

〝地産地消〟の地元消費が多い江戸時代初期だったならともかく、米が商品となって大量の取引が行われるようになると、その価格変動から経営を守りたいのは当然です。禁止しても守られるわけがありません。それを吉宗が解禁したのです。享保一五年（一七三〇年）のことでした。吉宗の数少ない善政です。

米国も参考に

大岡越前守忠相の命を受け、大坂に米の先物取引を行う堂島米会所が設立されます。ここで形成された価格が旗信号で日本中に送られ、米取引の指標となりました。

堂島で行われた取引は限月取引。三限月という三つの決済月を決め、現物より極めて少ない資金で売買できる「証拠金取引」を実施しました。いま株式市場で行われている信用取引とほぼ同じです。いや、信用取引のルーツは米の先物取引にあったのです。

取引は最初と最後に一本値で価格を決める板寄せ取引を行い、日中はいつでも取引できるザラバ取引という方式をとりました。帳合所といわれる清算機関（＝クリアリングハウス）も創設しています。米の先物取引は現在も大坂堂島商品取引所で行われています。

このシステムは現在、世界で行われている先物取引とほとんど変わりません。海外から教わったものではないにもかかわらず、海外のシステムともほぼ同じでした。経済的合理性を追求するとどこでもこうなるのです。江戸時代、そのような高度なシステムを必要としたほどに日本の商業は発達していたのです。

アメリカ最初の商品取引所で世界最大の農産物取引所であるＣＢＯＴ（シカゴ・ボード・オブ・トレード）が設立されたのは一八四八年。堂島の米先物取引より一一八年も遅れています。設立時、ＣＢＯＴは日本のシステムを参考にしてシステムを構築しました。同所のパンフレットにその旨が書かれています。日本は米国より一世紀以上先を行っていたのです。

先物取引はさらに発展。全国で行われるようになります。取引する商品も増え、金でも先物取引が行われるようになりました。江戸時代後期、特に先物取引が多かったのが米、金、菜種油で、これを指して「三市場」といわれました。

金先物取引の誕生

金の先物取引は幕府が公認する前から密かに行われていました。取引手法は「あらかじめ売買する『宿』を定め、そこに金銀を預託、一定の時（＝決済日）がきたら、その時の金と銀の相場を見て、差額を受渡する」という手法です。

宝暦一三年（一七六三年）に冥加金一五〇〇両を払って、一部両替商が「金銭延売買会所設立」を誓願、許可されました。米の先物取引から遅れること三三年です。幕府財政はそれほどに現金が欲しかったのです。同時に、米の先物取引を通じ、少しは経済が分かってきたのかもしれません。

金銭延売買会所は大坂の北浜一丁目と南本町一丁目の二カ所に設置され、二〇〇人強の両替商が参加しました。先物取引は高度の情報がないと成立しません。江戸時代は当時の世界では群を抜いた〝高度情報化社会〟でもあったのです。先物取引といい、為替といい、当時の金融業、商業の発達は欧米をもしのぐものでした。金の先物取引は現在、東京商品取引所で行われています。

米将軍

吉宗は米価にも神経を使いました。価格が下がったときは豪商などに命じて米を買い上げて大坂に備蓄させ、価格が上がった時はそれを適時放出して、米価格をコントロールしようとしたのです。家康も駿府で行いましたが、それを全国規模で実施したのです。いわば、食管法と同じです。おかげで吉宗は庶民から〝米将軍〟なる尊称？　も奉られています。最盛期には豪商に六〇万石もの米を買い上げさせたといわれています。だが、なかなか吉宗の望むようにはうまくいきませんでした。当時の米の年産額は三〇〇〇万石弱。六〇万石はせいぜい二％。これでは米の輸出入がなかった時代、需給の調整などできようはずがありません。

しかも、損を補償しなかったので、豪商は幕府の命令で買い上げた米を密かに売却したともいわれています。幕命に反する行為を町人がするとは……。当時、それほどに幕府の権威は落ちていたのです。吉宗の経済政策はまさに「武士の商法」そのものでした。

吉宗は米が余っているにもかかわらず、新田を開発させ、米増産に力を入れました。しかも、貨幣の金の含有量を高め、小判の流通量を減らしました。流動性を低下させ米を増産すれば米の価格はますます下がります。この結果、小判欲しさに大名は大坂で米を売り急ぎ、米価はさらに下がりました。吉宗の米政策はことごとく経済原理に反し、逆効果になったのです。

特に、米価の指標になる大坂の下げが大きく、「大坂安の地方高」という現象も起こっています。大坂は米の大集散地だったので需給には敏感に反応したのです。

吉宗は「物の価格は需給によって決まる」という経済のイロハすら分かっていなかったのです。いや、吉宗を笑うことはできません。何しろ、戦後、政治家と農林官僚、農協は何十年も吉宗と同じことをして、失敗に失敗を重ね、日本の米を大減産させたからです。

しかも、悪いことに、享保一七年（一七三二年）、西日本を中心に「享保の飢饉」と呼ばれる大惨事が起こりました。吉宗は西日本、特に伊予（＝愛媛県）で飢饉が起こった時、三〇万両を下賜しますが、焼け石に水。全国で餓死者が続出、一揆や焼き討ちが起こりました。

餓死者は全国で七〇万人以上とか、一〇〇万人を超したとかいわれています。商業都市博多では人口の三割強、六〇〇〇人が餓死したという説もあります。博多がこれでは、農村部などは推して知るべきでしょう。一〇〇万人はともかく、少なくとも一〇万人万単位の人が亡くなったと思われます。このような惨事は江戸時代始まって以来です。

この時、愛媛県の伊予松山藩では、幕命で参勤交代を一時中断しています。「参勤交代に使う金があったら、年貢を減らせ」ということでしょう。幕府もそのような配慮をせざるをえなかったのです。

「義農作兵衛」の伝説も生まれました。同藩内の井筒村の百姓作兵衛が麦の種を入れた俵を持って餓死し、義農といわれたのです。だが、このような話が伝わっているところをみると、多くの百姓は種籾まで食べ尽くしたのでしょう。

もっとも、幕府は飢饉対策や旗本への救済に努め、一時、一〇〇万両に達した蓄えが二一万両にまで減ってしまいます。吉宗も民政には一応配慮していたのです。

「黄金虫」は「真鍮虫」に

〝暴れん坊将軍〟などといわれ、テレビでは「名君」とされる吉宗ですが、彼の治世、享保は不況に明け暮れました。米の先物取引の解禁も進んで行ったわけではなく、経済がそれを必要とし、密かに行われていたのを追認したにすぎません。

三代将軍家光には「米や豆腐の価格を聞き、答えられない家臣を怒った」という本当かどうか分からない話が伝わっています。米価格に執心したあたり一見よく似ているようですが、その精神はかなり違っていたようです。

　家光は金をばらまきましたが、吉宗は規制を強化、苛斂誅求で百姓から年貢を取り立てました。幕府財政はかなり立ち直り、徳川幕府の寿命は延び〝中興の祖〟といわれましたが、それは庶民の血と汗と涙の上に成り立ったのです。

　しかも、幕府の立ち直りで日本の近代化は遅れました。重商主義を重農主義に戻そうという時代錯誤が商工業の発達にストップをかけたのです。幕府財政は一息つきましたが、時代の趨勢にはさからえず、結局、吉宗の努力も一時的なものにとどまりました。

　吉宗は奢侈（＝贅沢）にも目を光らせました。装身具に金銀を使ってはいけないという「奢侈禁止令」も出しています。まさに、かゆいところに手が届く規制ぶりです。このため、当時の本には「黄金虫と『黄金』を付けるのは身分不相応である。これからは『真鍮虫』となづけよ」との皮肉った落書も載っています。それにしても、このような時代錯誤の政策を行った吉宗が名君とは。当時、尾張藩の藩主徳川宗春は逆に、自由化政策を取り、一時、名古屋は興業小屋がならび、大変な繁盛ぶりでした。

　結局、彼は幕府を恐れた家臣に幽閉されてしまいます。どうも日本人は自由より規制が好きな民族のようです。テレビ番組でもなにかあると「政府は何をしている」という規制を述べるコメンテーターばかりです。いや、世界ではどこも自由を使いこなせず、規制を望む人が多く、これが経済を停滞させているようです。

経済学では「マクロとミクロの乖離」という言葉があります。個々の政策は経済にプラスでも全体ではマイナスになるというもので「合成の誤謬」ともいわれています。

吉宗は紀州藩で質素倹約や、規制で業績を上げて将軍になりました。だが、紀州で通用した手法は日本全体では逆にマイナスに働きました。まさに合成の誤謬そのものです。

これは後年、白河藩主松平定信が老中になった時、白河藩で成功した手法を幕府に持ち込んで失敗したのと軌を同じくしています。江戸時代の改革はすべて失敗しましたが、これも「合成の誤謬」によるものです。

（六）小判と価格

小判の価値

「これ小判、たった一晩いてくれろ」。この川柳を知らない人はいないでしょう。紀伊國屋文左衛門のようなお大尽ならいざしらず、八ッアン、熊さんのような長屋の住人には小判はなかなか手が届かなかった様子が透けて見えます。では、小判一両は庶民にとってはどれくらいの重みがあったのでしょうか。

小判は度々、改鋳されているので、時代によって大きく価値が変わりました。しかも、諸物価も大きく変動したので、確定的なことはいえません。なにしろ、江戸末期には金の含有量が初期の八分の一程度になっているのですから。ただ、日本銀行では、いろいろな形で一両の価値を出しています。

米一石（約一五〇キログラム）を一両とすると六万三〇〇〇円
大工の手間賃を一日一万四〇〇〇円とすると、三二万二〇〇〇円（二三人分）

といった具合です。

一九世紀前半、武蔵国(今の東京周辺)では一両でこんなに買えました。

団子　一六二五本
まんじゅう　二一七〇個
豆腐　二七〇丁
卵　九三〇個
油揚げ　一六二五枚
傘　二六本
そば　約四〇六杯

それに相当する賃金はどれくらいだったのでしょうか。これも日銀によると、

武家の下女奉公人　一年で二~三両
町方奉公人は男性　二両、女性が一両
料理人の賃金　一日三〇〇文

当時、一両は銀約六〇匁、銭六〇〇〇文だったので、料理人では約二〇日分の給料とい

うことになります。料理人が結構、多くの給与をもらっていたことがうかがえます。

「食い倒れ」は大坂を象徴する言葉ですが、江戸の料理もけっこういけました。享保二年（一七一七年）に創業、文化文政時代には江戸を代表する料理屋となった「八百膳」といった洗練された料理店も現れます。価格も目の玉が飛び出るほどで、腕の良い料理人は引っ張りだこだったことでしょう。

もっとも、料理人以外の職人は賃金が安かったので、小判を手に入れるにはさらに働く必要がありました。小判はやはり庶民には高根の花だったのです。

前述のように、金相場会所での取引の最低単位は一〇〇両だったので、いかに両替商の財力がすさまじいものだったか想像できます。武士と町人だけではなく、町人同士でも、江戸は「格差社会」だったのです。

大夫とは一晩一両

高い価値をもった小判ですが、遊ぶとなると、ぐんと価値が小さくなります。江戸時代最大の歓楽街吉原。そこで遊ぶ時、小判は庶民の生活とはまったく次元が異なった様相を呈します。

江戸開府間もない元和年間（一六一五〜二三年）、吉原では最上級の大夫の揚げ代が一晩一両、二級の遊女で銀三〇匁、その下が一〇〜二〇匁くらいだったとか。これだけでも相当な失費ですが、大夫はこれだけで収まったわけではありません。まず、茶屋に上がってお酒を飲んで芸者を上げ、酒宴をしてからお床入り……という寸法でした。

しかも、三味線弾き、たいこ持ち、さらに茶屋の亭主、女房から下男下女にまで心付けを出さねばなりません。それを合計すると、一晩遊ぶのも、その費用は大変なものでした。奉公人にとって大夫は雲の上の存在だったのです。

吉原は高く、しかも面倒だったことから、冷やかし客が大半だったともいわれています。そこで、幕府の禁制にもかかわらず、「岡場所」といわれる安い遊女街や「夜鷹」といわれる街娼などがはやりました。

江戸は各地からの流れ者が流入していただけではなく、参勤交代で来た大名の家来も単身赴任だったので、男が女に比べて格段に多い男社会でした。それだけに、その方面の需要は大きかったのです。

貨幣カタログの発行

富が集積されると貨幣を集める人が増えます。それを目当てに「貨幣カタログ」も発行されました。元禄七年（一六九四年）に刊行された『万宝全書』の中の一冊に『古銭案内』というのがあり、収集手引書としては享保一三年（一七二八年）、中山顧山著『孔方図鑑』が発行されました。

『孔方図鑑』では図入りで和漢の貨幣が時代、形、地域などで分類され、希少性も十段階で分かるようになっていました。翌享保一四年には同じ著者の『弥貨孔方鑑』が出、天保四年には『改正孔方図鑑』が、翌年には『改正弥貨孔方鑑』が出版されています。その後も続々、同種の本が発行されます。貨幣は交換の手段だけではなく収集の対象、投資の対象になっていったのです。

いまも、昔の金貨銀貨など希少性の高いものは額面よりはるかに高値で取引されていますが、江戸時代も同じだったのです。商業の発達で、米より金を尊ぶ風潮が輪をかけました。富が生じれば、必ず、このような現象が起こってくるのです。

江戸中期までの金流出量

江戸時代、ほとんどの期間、金は海外に大量に流出しました。これに恐れをなした幕府は開府初期の寛永一八年（一六四一年）に、早くも「金輸出禁止令」を出していますが、あまり守られなかったようです、というのも、寛文四年（一六六四年）には条件付きでオランダ人に金の輸出を認めているからです。朝令暮改を地で行った格好です。

では、江戸時代初期から中期にかけ、金はどれくらい流出したのでしょうか。それを新井白石が分析しています。

白石によると、慶長六年（一六〇一年）から正保四年（一六四七年）までの四六年間に三七九万五二〇〇両余、正保五年＝慶安元年（一六四八年）から宝永五年（一七〇八年）までの六〇年間に二三九万七六〇〇両余、合計六一九万二八〇〇両余もの金が流出したとのことです。これは同期間の金鋳造量の四分の一、保有量の三分の一に当たるとか。とにかく、想像もできない膨大な量です。

もし、これが保有量の三分の一に相当したとすると、国内には宝永五年（一七〇八年）に一七一八万八〇〇両の金が残った計算になります。だが、金の流出はその後も続き、「黄金の国ジパング」もだんだん底をついていきます。貨幣改鋳などでしのいだものの、幕末には一段と激しくなり、物価が高騰、幕府崩壊の一因にもなりました。

貿易赤字は通貨の流出を招くのでデフレ要因にはなりますが、それに対抗して貨幣を改鋳して通貨を増やすとインフレになります。どちらも、庶民にはありがたくない話です。

江戸時代はまさに、その繰り返しでした。田沼の時代を除いて。

御金蔵破りも登場

「江戸時代は泥棒社会だった」という説もあります。「石川や浜の真砂は尽きるとも世に盗人の種は尽くまじ」という石川五右衛門のセリフは江戸時代にも通用したのです。

テレビなどでは泥棒は両替商など富裕な町人を対象にした場面が多いのですが、そればかりではありません。この時代、大胆にも大名の金蔵をねらう「御金蔵破り」も現れました。

享保一九年（一七三四年）、幕府直轄の甲府城の金蔵が襲われ、二〇〇〇両が奪われました。この御金蔵破り、甲府勤番（＝甲府城に詰める幕府の役人）の交代時をねらっており、内部に詳しい者の犯行と思われます。犯人は捕まっていません。もしかすると、武士が盗んだか、手引きをしたかも……。いや、そうに違いありません。

甲府勤番は出世から見放された武士が勤め、島流しのような感覚を持たれていました。それだけに、日常、不満が溜まり、そのような行為を導いたのかもしれません。盗人を捕まえる動きもないところから「サラリーマン化した事なかれ主義の武士像」が浮かび上がってきます。

御金蔵破りは大名にとっては極めて不名誉。そこで、公にすることなく、大半は闇から闇に葬られたのではないでしょうか。実際にはこれ以上の大型の御金蔵破りもあったかもしれません。いや、あったことでしょう。

大名、豪商を襲う動きはその後も広がっていきます。そして、江戸時代後期には、あの有名な鼠小僧も出てきます（後述）。江戸時代は初期も中期も後期も泥棒が活躍した時代、〝泥棒社会〟でもあったのです。

ただ、東海道などは女性も単独で旅ができました。雲助がテレビでよく出てはきますが、それも実際はどうだったでしょうか。当時の世界ではどこも、女性の一人旅など考えられません。江戸時代は、実際は庶民にはかなり安全な社会でもあったのです。

一〇〇万両の壺

片目片手の剣豪といえば、ご存じ丹下左膳です。丹下左膳は作家林不忘の筆が生み出した剣豪。代表作が「一〇〇万両のありかを示した『こけ猿の壺』探し」です。これまで何回も映画化されました。時代は不明ですが、『新版大岡政談』で初登場したので、吉宗の時代の話と思われます。この話は次のようなものです。

「二万三〇〇〇石の大名柳生対馬守は日光東照宮改修工事が割り当てられ、その費用を捻出しようと、家宝として伝わった『こけ猿の壺』を探した。ところが、すでに対馬守の弟が壺を携えて江戸に向かっていた。そこで、急使を派遣したが、秘密を知った女賊、お鳥が壺を奪い、それを預けた少年ちょび安にとられ、ちょび安と親子の縁をもった丹下左膳が登場する」

三隅研次監督が演出した時は大河内伝次郎、市川崑監督の時は高橋幸治が丹下左膳を演じました。丹下左膳を演じた俳優は十指に余り、スターの登竜門でもありました。

結果は見てのお楽しみですが、さて一〇〇万両はどれくらいの重さになるのでしょうか。江戸時代、千両箱の重さは約二〇キログラムだったので、千両箱だと、一〇〇〇箱、重さは二〇トンにもなります。これでは見つけてもなかなか運べなかったのではないでしょうか。

コラム　これが金だ＝王水

金は酸にもアルカリにも冒されず、錆びることも腐敗することもない、千古不滅の金属です。だが、たったひとつ弱点というか天敵があります。それが「王水」です。

王水といっても王様が飲む水のことではありません。硝酸一に塩酸三の割合で混ぜた液体で、金や白金を漬けると溶けてしまいます。王水は地上最強の溶剤といわれ、「これこそまさに水の王である」ということから王水と名付けられたといわれています。

それにしても、金は地上の金属の王であり、それを溶かすのが王水とはよくできた話です。もっとも金以外のものも溶けるので「王冠に使われた金が王様が渡した金と同量かどうかを判定したい」といったアルキメデスのような場合には使えません。

よく、王水以外には金を溶かすものはないと考えている人もいるかもしれませんが、実は王水以外にも金を溶かすことのできる溶剤があります。それがシアン化カリウムです。といっても、知らない人も多いでしょうが、「青酸カリ」といえば、「あああれか」とうなずく人も多いでしょう。

青酸カリは価格が安いところから金の精錬にも使われています。日本のように環境に厳しい国では使用は禁止されていますが、開発途上国などでは使っているところもあります。しかし、猛毒だけに人に害を与えるのみならず、環境汚染も引き起こしやすい薬剤です。

いま、環境汚染が世界的に問題になってきただけに、将来は使用が禁止されるかもしれません。そうなれば、金の生産コストが上がり、金の価格次第では生産に影響を与えることにもなりかねません。だが、「人々を魅了する輝きの陰に青酸カリあり」とはあまり歓迎されない話です。

Ⅲ　江戸時代後期

（一）田沼意次

自由と腐敗の時代

規制に明け暮れた吉宗の時代が終わると、腐敗に満ちた「金万能（？）」の田沼時代が訪れます。田沼といった時、反射的に返ってくる言葉は賄賂ではないでしょうか。田沼＝賄賂という方程式はもうすっかり人々の頭に刷り込まれています。賄賂政治家としては吉良上野介と両横綱といってよいかもしれません。

田沼は九代将軍家重、一〇代将軍家治の時代に活躍、その絶大な権力で「田沼時代」を現出します。田沼意次が幕政を握っていたのは明和四年（一七六七年）から天明六年（一七八六年）まで、二〇年にわたっています。

ちなみに将軍でない個人の名前を冠した「〇〇時代」は田沼くらいでしょう。六〇〇石の御家人から大名・老中にまでのし上がった田沼の力がどれほど大きかったか想像できます。

この時代は江戸時代で最も腐敗堕落した時代といわれています。庶民への規制は比較的緩やかでしたが、賄賂も横行しました。自由には腐敗がつきものだからです。映画、テレビでは悪徳商人と結託した悪奉行や百姓をいじめるお代官様が活躍します。事実、そう思われてもおかしくない人もいました。

だが、規制が緩かった自由闊達な田沼時代の方が、その後に訪れた松平定信の〝規制の時代〟より、庶民にとってははるかに住みやすかったのではないでしょうか。

田沼時代に飽き、飢饉に泣いた庶民は最初、松平定信の寛政の改革を歓迎しました。だが、規制、規制で息がつまり、やがて表情が変わっていきます。「白河の清きに魚の住みかねてもとの濁りの田沼恋しき」といった川柳も詠まれています。ここで、白河とは奥州・白河藩の藩主松平定信を指しています。

田沼は長年、悪徳政治家の代表と見なされてきました。だが、近年、その考え方に変化が出てきています。「田沼は商業を重視、時代の変化に幕府を対応させようとした改革派」というものです。

確かに、庶民には〝規制将軍吉宗〟の時代より柔軟な空気が感じられたことでしょう。だが、こと経済に関しては田沼は規制を強化しており、「規制派か改革派か」は一概にはいいにくいものがあります。

忠義は賄賂次第

「金銀は人の命にかへがたき程の宝なり。その宝を贈りても御奉公いたし度と願ふほどの人なれば、その志上に忠なること明なり。志の厚薄は音信の多少にあらはるべし」『江都見聞集』には田沼がこう言ったと書かれています。実際に田沼がこう言ったかどうかははっきりしませんが、多分、これが当時の一般的な田沼評だったのでしょう。

このころ、「長崎奉行になるには金二〇〇〇両、目付には一〇〇〇両の献金が必要だった」とか。目付はともかく、長崎奉行は役得があったことは十分、うなずけます。元は取れたかもしれませんが、一両で大夫が抱けた時代、この額は相当なものでした。

田沼の玄関には贈り物が山と積まれました。「運び込まれた箱を開けたら、生き人形（＝生きた女性）が出てきた」との真偽不明な話もあります。もっとも、当時、贈答は挨拶のようなもの。田沼だけが賄賂を貰ったわけではないとは、今では常識になっています。ちなみに、後に老中になり、田沼攻撃を行った松平定信も田沼には賄賂を贈っています。

『甲子夜話』という江戸時代屈指の日記の著者、平戸の大名松浦静山も現役時代、よい役職を得ようと、度々、賄賂を贈っています。

それだけではありません。静山は田沼失脚後の寛政一〇年（一七九八年）、幕府が開いていた昌平坂学問所の聖堂再建に幕命もなかったのに二万両を献金しています。つまり、田沼後も賄賂は続いていたのです。

松浦家は六万石の小大名。内実は一〇万石くらいだったといわれていますが、それに比べても大変な額です。ただ、残念ながらあまり効果はなかったようです。賄賂の額が少なすぎたからかもしれません。二万両で少ないとなると、さてどれほど贈ったら効果が出たのでしょうか。

家康は賄賂を認める

もっとも、田沼は贈り物を貰っても、贈り主が希望する官職に就けなかった時はそれを返したとか。まるで〝就職斡旋業〟ですが、それなりに筋は通っています。

幕末の英傑で、西郷隆盛を育てた薩摩藩の藩主島津斉彬は田沼時代後の大名で、賄賂などには縁のない清廉な人柄でした。ところが、土佐藩が幕府ににらまれ、対策を相談された時、即座に「賄賂を贈りなさい」と忠告しています。田沼時代の後も前も「賄賂、賄賂」の時代だったのです。もちろん、賄賂の主役は〝生き人形〟ではなく小判＝金でした。

有名な川柳に「役人の子はにぎにぎをよく覚え」があります。当時は、まさにその世界です。実は家康は「あまりに物をうけ取らなければ、国じゅうの者は親しみ寄りつかなくなり、善悪のほどがわからぬものだ。（中略）主君のために悪いことでなければ、少々のものはうけ取ってかまわない」（『名将言行録』）と言っています。権現様以来、江戸時代は賄賂に寛大だったのです。

規制と振興

田沼の真骨頂は賄賂ではなく経済政策にありました。田沼は商業重視の進歩的政策をとったといわれています。確かに農業より商業を重視したことは間違いありません。農業だけに頼っていた幕府の財政に商業による上がり「冥加金（＝税金）」などを加えようとしたのです。

いわば重農主義から重商主義への転換といえるでしょう。当時、農業生産は頭打ちで年貢が増えなかった半面、贅沢が一般化して幕府財政は火の車でした。田沼が農業以外に新たな財源を求めたのもけだし当然だったのです。

だが、田沼は一般に考えられているように、必ずしも開放的な商業政策をとったわけではありません。いや、商業に各種規制を導入、一部商人に特権を与え、それから冥加金を取ろうとしたのです。

田沼の経済政策は吉宗同様、歳入の増加による幕政の立て直しにありました。ただ、農業重視の吉宗とは異なり、商業重視政策だったのです。その象徴が「仲間」の公認でした。

仲間とは、特定の業種への参入を制限した一種の〝公認カルテル〟。新入者を排除して競争を制限し、価格を上げれば、当然、利益が増えます。そこで仲間を結成させる業種を増やし、そこから冥加金を取ろうとしたのです。織田信長が行った楽市楽座とは真逆の政策です。

仲間は江戸時代にはいくつもつくられており、田沼の専売特許ではありません。だが、田沼時代に最も多く公認されました。その数は天明年間（一七八一～八八年）の八年間で一三〇。もちろん、これによって多額の冥加金が幕府に転がり込んだことでしょう。

さらに物などを作る「座」や「会所」という形の集荷機構を設け、ここでも冥加金を取り立てました。つまり、あらゆる生産、流通過程を幕府の統制下に置こうとしたのです。

現代的にいえば国家資本主義を目指したともいえるかもしれません。だが、規制があれば、当然、利益にありつこうと賄賂も横行します。仲間、座、会所などに入るのに賄賂＝黄金を必要としたことはいうまでもありません。

銅座を新設、貿易赤字を解消

座としては、従来から、金貨、銀貨を製造する金座、銀座などがありましたが、田沼は新たに銅地金を製造する「銅座」をつくっています。

銅座をつくったのは単に冥加金を取るだけではなく、「銅を輸出して金を輸入する」ねらいがありました。幕府創設以来、金銀の海外への流出が続き、流動性不足が生じていました。そこで、当時、国内で大量に産出した銅を輸出品として育て、金銀を輸入しようとしたのです。

いわば、銅輸出で貿易赤字の解消をねらった輸出振興策です。これは大成功を収め、貿易赤字は一時、解消しました。このような政策をとった政治家は江戸時代を通じて出ていません。輸出振興は田沼の大きな功績だったといえるでしょう。その意味では田沼は開明的な政治家だったのです。

この時、田沼は「輸入した金銀を使って金貨、銀貨を造ろう」とも考えました。後世、金を輸入して「昭和天皇ご在位六〇年記念金貨」を鋳造した大蔵省（現財務省）と同じ政策です。輸入した金は中国の印子金、安南（＝今のベトナム）、チベット、さらにはオランダが東南アジアから集めた金など多岐にわたっています。輸入数量は合計八八貫以上に上りました。

一方、銀は中国の馬蹄銀、スペインの中南米産、オランダ人が集めたジャワ、インドの銀、それに安南、チベットなど多種多様。広い地域から輸入しています。銀の輸入量は総計一万二五〇九貫。最初は金を多く輸入しようとしましたが、あまり輸入できず、結局、輸入されたのは銀が大半でした。当時、中国は銀中心の経済で、東南アジアには華僑が多かったことも影響していたからでしょう。

江戸時代、日本は常に金が海外に流出、つまり万年輸入超過でした。しかし、田沼の時代だけは金銀が流入、輸出超過で貿易収支は黒字でした。その意味では緩やかなインフレによる景気上昇とあいまって、経済政策は比較的うまくいっていたといえるでしょう。田沼は「輸出立国」の先駆者だったのです。

金銀一つの定額貨幣を発行

田沼は輸入された銀を使い、新タイプの銀貨も鋳造しました。名称は「南鐐二朱銀」。勘定奉行川井久敬に命じ、明和九年（一七七二年）に発行しています。

この銀貨、表に「以南鐐八片、換小判一両」という文字が刻まれています。これは「二朱銀八片で小判一両と換える」ことを意味しています。当時、二朱は八分の一両だったので、金と銀を定まった比率で換えるということで、特に問題はありません。

ところが、幕府は、この銀貨を「二朱之歩判」と称したのです。判はいうまでもなく、大判、小判など金貨で使われている呼称。いわば、「銀貨を金貨と見なす」と表示したのです。

金貨と銀貨では価格が大きく異なります。銀の流通量は金よりはるかに多いからです。そこで、銀貨を金貨として通用させれば、流通量は大幅に増えます。この政策は金の不足を補えるばかりではなく、増加する商取引にも追い風になりました。

金とか銀とか、素材を区別しないで額面を決めた貨幣を経済学的には「定額貨幣」といいます。南鐐二朱銀は日本初の定額貨幣でした。この銀貨は純度が高く、しかも、重量が一定していたので交換の度に量る必要がなく、大変便利でした。そこで金、銀の交換に悩まされ、便利な通貨を求めていた商業にマッチし、大歓迎されました。

南鐐というのは「良質の銀」という意味です。南鐐二朱銀は田沼失脚後、鋳造が中止されましたが、形を変えて、松平定信時代の後、再び鋳造されています。これをみても、この政策が時代に要求されていたことが分かります。鋳造量は合計一三五二万両にのぼります。

町人を使って大名貸

田沼は「銀行まがい」のこともしています。明和八年（一七七一年）一二月、幕府の資金五万両で、基金「在方御手当金」をつくりました。これを、町年寄りに貸し付けて運用させ、そこから上がる利息を幕府の収入にしようと考えたのです。いわば国営銀行の設立か、郵貯といったところでしょう。

年利は一〇％。基金が五万両なので、全額貸し出せば、年間五〇〇〇両の収入を得ることができます。そのうち二五〇〜五〇〇両を経費として町年寄に払い、「毎年、四五〇〇両以上の収入が確保できる」とソロバンをはじきました。翌明和九年から実施、これが成功したのに味をしめ、安永五年（一七七六年）には基金を七万両に増額しています。

天明五、六年（一七八五、八六年）には「御用金令」という法令も出しました。こちらは大坂の町人から徴収した御用金をそのまま町人に貸し付け、それを町人が大名に又貸しして利息を得て、その利息の一部を幕府の収入にするという戦略でした。

この時、「借りた大名は領地を担保にし、返せない時は領地を没収する」仕組みも編み出しました。江戸時代、大名はよく借金を踏み倒しましたが、幕府が介入したので、それもできなくなりました。一方、幕府には金利の一部が入ってきます。商人、大名、幕府のどこにもメリットがある〝三方一両得〟の政策です。

江戸時代、「大名は鉢植えのようなもの」といわれました。事実、江戸幕府の成立直後から一〇〇年間程度は大名の国替えや取り潰しはよく行われましたが、このころになると、あまり行われなくなります。というより、国情が落ち着き、なかなかできにくくなってきたのです。そんな中、この政策は、領地を担保にして金を貸し、大名の力を弱めるという点で、新たな大名統制策ともいえます。

このころの大名は薩長も含め、ほとんどが財政難にあえいでいました。それだけに金を借りざるを得ない大名も多く、「これがうまくいったら、幕府の力がさらに強まり、欧州の絶対王政に近い形になった」との説を出した学者もいます。そうなれば、幕府の優位が経済的に確立し、幕末の混乱もよほど違ったものになり、日本の歴史は大きく変わったかもしれません。

田沼は印旛沼の開拓など公共事業にも力を入れました。しかし、台風で失敗、さらに浅間山の噴火による不作で天明の大飢饉が起きて米価が上昇、失政を重ねます。最後は、後ろ盾の将軍家治の死去で失脚しました。

天明の大飢饉がなかったら、田沼の失脚が遅れ、日本の歴史は全く別の道を歩み、絶対王政、近代化は少し早くきたかもしれません。「噴火が日本の歴史を変えた」と言っても、決して牽強付会ではないのです。

札差

江戸時代、商業というか財界を牛耳っていた大物商人に「札差」があります。札差とは幕府の米を取り扱っていた商人のこと。両替商と並び、巨額の富を集めた豪商として知られています。勿論、両者を兼ねた商人が多数いました。

前述のように、幕府の年貢米は主に隅田川の東側、両国の北にある浅草に近い蔵前の倉庫に集められ、御家人などに「扶持」として与えられることになっていました。だが、実際は札差が御家人から買い取り、お金で渡す仕組みになっていたのです。

手数料は五分(五%)。意外に低い感じですが、当時、お金に困った御家人の多くは札差に借金をしており、こちらの利息は一割五分(一五%)と決められていました。ところが、「他から借りた金を又貸しする場合はその制限以上の金利で貸すことができる」という抜け道がありました。

そこで、他から借りた金を貸すという形をとり、二〇%を超した高利も多く、武士をさらに苦しめました。家計をすべて札差に握られ、「人は武士なぜ蔵宿（＝札差）をあてがわれ」という武士を揶揄した川柳もつくられています。

なかには借金を断られる御家人もおり、浪人を雇って札差を脅かす者も現れ、これを指す「蔵宿師」という言葉も生まれました。それに対抗、札差もやくざを雇ったことで、両者の間に抗争が起こり、殺される人も出たとか。まさに「金が仇の世の中」になっていったのです。

半面、札差などを中心に、ますます長者、お大尽になる豪商が増えました。当時、豪商のうち、特に裕福で遊びに通じた人を「一八大通人」と呼びました。その遊びも豪勢。「賭場で一晩に四〇〇両を負け、頭にきた商人が一二〇〇両と屋敷の沽券を持って賭場に乗り込み、一発勝負で敗れた」というウソのような話もあります。

貧乏旗本と豪商は時代劇では定番ですが、『世間胸算用』に書かれていたような状況が江戸時代後期には、いや江戸時代を通じて繰り広げられていたのです。

冥加金と運上金

江戸時代、税金は百姓に課した年貢が中心でしたが、それ以外に「冥加金」や「運上金」というのもありました。

冥加金とは、当初、寺社などへの御布施ともいうべき性格のものでしたが、いつの間にか財政難にあえぐ幕府の税金となってしまいます。

広辞苑では、冥加金について①神仏の冥加に対する儀礼として寺社へ奉納する金銭、②江戸時代の雑税の一種。本来は商・工・漁業その他の営業者が幕府または藩主から営業を許され、あるいは特殊な保護を受けたことに対する献金をいったが、後、幕府の財政補給のため営業者に対して年々、率を改めて課税し上納させた金銭―と定義しています。

つまり、米ではなく商業などに掛けた金銭の税金で、しょっちゅう率を変えて課税されていました。とあって、冥加金には、小判が多く使われたことでしょう。

運上金とは広辞苑によると、①中世、公物を京都に運んで上納すること、室町末期には課税の意、②江戸時代の課税の一つ。商・工・漁業・運送などの営業者に課した―としています。

運上とは運送上納の略。運上金はすでに遠く鎌倉時代にも取り立てられましたが、江戸時代に大々的に行われるようになります。これも金銭で納めさせるので、当然、小判や銀での納入がほとんどだったでしょう。

冥加金と運上金は発生が違っており、性格も当初は「冥加金は自発的に納めるもの、運上金は幕府が強制的に納めさせるもの」と異なっていました。しかし、時代が下るとともに、農業以外の産業への課税ということで、江戸時代後期には同じ意味になっていったようです。

どちらも二次産業、三次産業が発達しないと多額の納税は期待できません。その意味では、鎌倉時代に発生したとしても、感覚としては商工業が大きく伸びた江戸時代のものといえるでしょう。冥加金、運上金が広がったことは米をはじめとした農産物への課税の上に成り立っていた江戸幕府の財政構造が大きく変化したことを示しています。

御用金

冥加金、運上金に並ぶ税金に「御用金」があります。幕府や諸大名は財政難が深刻化するとともに、町民や農民に臨時に上納金を命じるようになります。これが御用金です。

御用金は宝暦一一年（一七六一年）一二月、大坂の商人三〇五人に一七〇万三〇〇〇両の上納を命じたのが皮切り。以降、少なくとも一六回上納させています。当初、目的は海岸防備の強化や軍事用品の調達など、対外防備が中心でした。ところが、幕末になると長州征伐など内戦用になっていきます。

最初は二～三％の利息を払って、全額返済していましたが、財政難の進展とともに返済されなくなります。いわば、冥加金、つまり年貢と同じ性格になったのです。

当初は富裕な大坂商人などを対象にしていましたが、徐々に範囲を広げていきます。天明六年（一七八六年）の時には規模を全国に広げ、寺社なども対象に加えています。広く浅く取ったので、〝臨時の財産税〟といえるかもしれません。

江戸幕府最後の御用金は慶応二年、長州征伐のためのもので、七〇〇万両、一七万八七八四貫もの大金を大坂、兵庫・西宮の町人一一〇八人に命じています。この時は、大名貸しなどで知られる鴻池善右衛門が一人で五万両もの大金を払っています。

一方、三井家は鳥羽・伏見の戦いの直前、薩摩藩邸に千両箱を荷車に積んで山と運び込みました。これが軍資金になり、「その功績で三井家は明治になって御用商人になった」とか。幕府の御用商人だったにもかかわらず三井はうまく立ち回り、明治政府下でも大をなしていきます。

（二）江戸っ子と金

江戸っ子

この時代、「江戸っ子」が登場します。江戸っ子という言葉が最初に使われたのは明和八年（一七七一年）につくられた「江戸ッ子のわらんじをはくらんだしさ」という川柳だったといわれています。

「江戸っ子は宵越しの銭は持たない」とは江戸後期の戯作者、山東京伝の戯言。銭を軽蔑する風潮が強まったことがこの句の背景にはあったようです。「江戸っ子の生まれ損ない金を貯め」といった、皮肉った川柳も詠まれています。

商業の発達で金の力はますます強まり、金万能の時代を迎えます。その裏返しの感情が「宵越しの金は持たない」になったのでしょう。金を欲しながら表面、金を軽んじるというやせ我慢の江戸っ子の姿が、この句から浮かび上がってきます。

山東京伝は洒落本『通言総籬（つうげんそうまがき）』で、江戸っ子について下記のよ

うに書いています。

「金の魚虎（しゃちほこ）をにらんで、水道の水を産湯に浴びて、御膝元に生まれ出ては、拝搗（おがみずき）の米を喰らって、乳母日傘にて、長（ひととなり）、金銀の細螺（きしゃご）はじきに、陸奥山も卑（ひくき）とし、吉原本田のはけの間に、安房上総も近しとす」

「水道の水で産湯を使い、江戸城天守閣の金のしゃちほこを見て育つ」は江戸っ子の自慢の種ですが、実は、これは本当の話ではありません。確かに水道を使いましたが、水道はまだ江戸っ子という言葉が生まれるはるか前の元禄時代から使われており、江戸っ子の専売特許ではありません。

江戸城の天守閣も明暦三年（一六五七年）の大火で焼失、以後、再建されていません。江戸っ子は金のしゃちほこを見ようと思っても見られなかったのです。金のしゃちほこを見て育ったのは江戸っ子ではなく、天守閣に金のしゃちほこを輝かせた〝名古屋っ子〟、〝尾張っ子〟でした。

ちなみに、今の幕府の取引銀行に当たる「勘定所御用達」には一〇人の商人が任命されましたが、これは「本店が江戸にあり、当主も江戸にいる」、つまり江戸っ子であることが条件でした。江戸っ子にも大金持ちはいたのです。

見栄と粋

見栄（みえ）と粋（いき）が命の江戸っ子だけに初鰹には大金をはたきました。「女房を質に入れても」と、今では禁句の言葉も伝わっています。文政六年（一八二三年）には、初鰹一匹に四両もの値がつきました。これが記録に残る最高値だったといわれています。「そこが江戸　小判に辛し味噌をつけ」なる川柳も吟じられています。ここでの小判とはもちろん、本物の小判ではなく、初鰹を指しています。

粋については、吉原の遊女、高尾大夫がこう言っています。「本物の粋は廓などには足も向けず、家で金勘定をしております」（『江戸文化評判記』中野三敏著、中央公論社刊）。高尾大夫は吉原でも最高級の遊女に贈られる尊称（?）。代々引き継がれました。有名なのは伊達家に身請けされた仙台高尾ですが、他に何人もおり、この言葉はどの高尾の言葉かは分かりません。

だが、「家で金勘定をしている」という文句からみると、粋の対象は武家ではなく商人であったことは疑いありません。高尾大夫のこの言葉は時代が下るとともに、商人の力が増し、廓の上客は町人だったことを示しているともいえるでしょう。

このころ、床屋もはやるようになりました。だが座による規制で、勝手には開くことができません。そこで、床屋の権利が売買され、「三〇〇両から五〇〇両の値が付いた」といわれています。

床屋は式亭三馬の滑稽本『浮世床』でも知られ、単に髪を結うだけではなく、庶民の団らんの場でした。それだけにニーズも多く、高い値がついたのでしょう。それにしても五〇〇両とは……ため息が出ます。

当時、江戸の町人は大半が借家で、貧乏江戸っ子は長屋に住んでいました。その長屋を管理していたのが落語に登場する大家です。だが大家という名称にもかかわらず、長屋の多くは大家とは別の人が所有していました。大家はいまでいうマンション管理人だったのです。給与も安く、家賃の三～五％程度にすぎませんでした。

これでは、家賃も払えぬ八ッアン、熊さんが多い長屋管理は割が合いません。だが、そこは大江戸。別途、大きな収入がありました。それは長屋の住民が出す糞尿です。これを近在の百姓が肥料として買っていき、「その収入が年間三〇～四〇両に上った」（『大江戸長屋ばなし』興津要著、中央公論新社刊）とか。人口一〇〇万人を超し、しかも長屋の住人が多い大江戸ならではの余禄でしょう。

この糞尿で育った作物が大江戸一〇〇万の人口を養いました。ヨーロッパではベルサイユ宮殿には便所がなく、窓から糞尿を投げ捨てていた都市が多かった時代、江戸は世界に冠たる「高度循環社会」、「環境都市」でもあったのです。

黄金餅

このころの世相を詠んだ落語に「黄金餅」があります。明治時代の名人、三遊亭円朝が語りました。大筋は次の通りです。

「裏長屋に西念という乞食坊主が住んでいた。その西念が長い間かかって黄金を貯め、それを餅に入れて飲み込み、死んでしまった。それを見た味噌売りの金兵衛が『火葬場では腹だけは焼かないよう』と頼み、腹を割って黄金を取り出し、それを元手に餅屋を開き、繁盛した」

あまり、品のよい話ではありませんが、当時の情景がよく描かれています。その一つは貨幣経済の浸透で〝黄金崇拝〟が広く広がっていたこと、坊主が修行ではなく金儲けに力を入れていたことなどです。

江戸時代、あまり高僧は出ていません。初期に檀家制度が設けられ、修行しなくても生活が保証されるようになり、坊主が堕落したからです。この落語はそれをよく映しています。

檀家制度は日本独特の制度で、これが現在まで続き、多くの寺が世襲になっています。現代は「心の時代」といわれているにもかかわらず、仏教はあまり人々の救いになっていません。それもこの檀家制度によるともいえるでしょう。

もっとも、墓もなかった室町時代とは裏腹に、どの家も金ぴかの仏壇を備えるようになりました。「祖先を祀るため金で豪華に飾り立てる」風潮が広がったのです。

特に農村に行くほど、豪華な仏壇が見られます。浄土真宗が多い地域ほど仏壇は豪華で、富山県の仏壇は特に有名です。村落共同体と仏教が密接な関わりを持ってきて、それを「金が仲立ちした」といえるのではないでしょうか。

だが、悪いことだけではありません。仏壇を飾る金箔が金沢で大発展し、いまも金沢の特産品になっています。中世、貴族の寺や仏像を飾った金箔が檀家制度の下、庶民の仏壇を飾るものに姿を変え、現在まで、日本の工芸美を連綿と伝えているのです。そして、これからも……。

芸術の金離れ

「エレキテル（電気）」の実験で知られる平賀源内、『ターフェルアナトミア（解体新書）』を翻訳した杉田玄白、前野良沢。この時代は、洋学が勃興、自由奔放な文化が咲き誇りました。

芸術でも北斎、広重、歌麿、写楽など天才・鬼才が続々輩出、世界に通用する奥深い技法に支えられた芸術が花開きます。喜多川歌麿の美人画、安藤広重の東海道五十三次、葛飾北斎の富嶽三十六景、写楽の大首絵など、現在もてはやされる浮世絵が登場します。

浮世絵は色彩感覚、構図などの手法が「ジャポニズム」としてヨーロッパの印象派、ナビ派、アールヌーボーなどに大きな影響を与えました。特に、ルノアール、モネ、ゴッホなどはジャポニズムの影響を強く受けました。ルノアールの「睡蓮」は花から橋の描き方まで、構図は日本の絵そっくりです。

ただ、浮世絵はもう金を使ってはいません。相次ぐ弾圧で「派手なものは避ける」風潮が広がり、それが「粋（いき）」に結実、それとともに「金の多用は野暮」として馬鹿にされたのかもしれません。残念ながら、文化文政時代の文化は桃山時代のような「黄金の文化」ではありません（ただ、肉筆浮世絵では金を使ったものもあります）。

すでに海外にかなりの金が流出していたうえ、新規の金の産出が減っていたことも一因ですが、なにより文化が成熟、金の輝きに頼らなくても芸を表現できた時代になっていたからではないでしょうか。富嶽三十六景など、その立体的な構図は「金を離れた」から生まれたのかもしれません。

金の仏に頼る「憂き世」は現世を享楽する「浮き世」になっていきます。それに比例するかのように金の役割はどんどん小さくなっていきます。だが、それは絵画での話。一歩、外に踏み出すと、そこは「黄金に彩られた人間模様」が繰り広げられていたのです。

（三）投機と泥棒

富籤

「宵越しのカネは持たない」とたんかを切った江戸っ子ですが、本心ではお金は欲しかったようです。その一つが「富籤」の大繁盛です。富籤とは今の宝籤のようなもの。神社仏閣が拝殿、仏殿などの修理資金を集めようとして始まりました。一分金で最高一〇〇両が当たるのが一般的ですが、なかには一〇〇〇両当たるものもありました。いわば四〇〇倍になったのです。

「一〇〇〇両は射幸心を煽りすぎる」としてしばしば禁止されましたが、何回も禁令が出たところをみると、密かに行われていたのでしょう。幕府の権威はここでも落ちていたのです。

富籤が始まったのは三代将軍家光の寛永年間といわれ、元禄五年（一六九二年）にはそれを禁止する町触れも出ています。しかし、享保一五年（一七三〇年）、幕府が仁和寺門跡の館修復を目的とした富籤を認め、以降、しばしば行われるようになりました。

亨保時代は谷中感応寺、目黒滝清寺、湯島天神が多く発行、三富と呼ばれました。その後、浅草八幡宮、根津権現など各地で行われるようになり、幕末にかけ、大きな広がりを見せていきます。

当選籤を決める方法はごく簡単です。販売した札の数と同数の木札を大きな箱に入れ、箱を回転させ、開けた穴から錐を入れ、それに突き刺さった番号が当選というわけです。もっとも、当選は一等だけではないので、何回も突き刺します。当たり籤の両側の番号も「袖」といっていくらかのお金が貰えます。現在の宝籤は回転する数字の入った板に矢を突き刺す方法ですが、それとよく似ています。

といっても、当たったからといって一〇〇両すべてが貰えるわけではありません。お宮の修繕費に一〇両、世話人への祝儀に五両、次回の富籤の購入に五両、都合二〇両を取られます。今でいえば宝籤にかかる税金のようなもので、税率は二〇％ということになります。

松平定信は寛政の改革で富籤を規制し、天保一三年（一八四二年）には水野忠邦が禁止しています。しかし、これも一時的な措置で、さらに活発になりました。一攫千金を求める人は江戸っ子といえども数多くいたのです。

弥次喜多道中と富籤

富籤は十返舎一九の傑作、『東海道中膝栗毛』でも描かれています。

「弥次さん㐂多さん（弥次郎兵衛と北八）が大坂で道を歩いている時、落ちていた富籤を拾った。見ると、座摩の宮の富籤で、ちょうどその日が突き日（＝当選の発表日）となっていた。そこで、座摩の宮をのぞいてみるとなんと一等で百両が当たっていた。喜んだ弥次さん㐂多さんが翌日、引き替えに行くと裏の干支が当たり籤は亥（い）だったのに、弥次さん㐂多さんが持ってきたのは子（ね）だった」

現代的に言えば「組」が違っていたわけです。結局、弥次さん㐂多さんは儲け損ないますが、そこがいかにも〝弥次㐂多道中〟です。実際もなかなか当たらなかったのでしょう。だからこそ、小判に縁遠い庶民の夢をかき立てたのです。

弥次さん㐂多さんが道中に出たのは文化四年（一八〇七年）、一一代将軍家斉の時代という設定になっています。道中記では胡麻の蝿（＝こそどろ）、詐欺師、物乞いする子などいろいろ出てきます。天下太平のまっただ中にありましたが、やはり世間は相当に物騒だったことが見てとれます。

水屋の富、宿屋の富

落語でも富籤は屈強の題材でした。「御慶」、「富久」、「宿屋の富」など数多くつくられています。なかでも面白いのが「水屋の富」で、その筋書きは次のようなものです。

「水屋がたまたま買った富籤が千両の大当たりになり、発券元に二割取られたものの八百両が手に入った。そこで、畳を一畳上げて根太板をはがし、そこに通っている丸木にくぎを打ち込み、包みに入れてぶら下げた。それでも盗まれるのではないかと、毎朝竿を縁の下に突っ込み、探っていた。不審に思った泥棒が根太板をはがすと八百両があったので、そっくり盗んで逃げた。それに気付いた水屋が『アー、今晩からゆっくり寝られる』とほっとした」

水屋というのは水を売る商売。それを担いで売っていた人がおり、それを水屋と呼んでいました。典型的な庶民で、それだけに一〇〇〇両の重みが伝わってくるような話です。

「宿屋の富」は宿屋に泊まった客が宿の亭主が買った富札をなけなしの一分で買い「当たったら半分やる」と言ったところ、見事に当たったという話。この話、客が「大名に二万両、三万両貸してその利息で食べている」などと大ぼらを吹き、それが面白く語られています。

当時、すでに大名は商人に借金で首根っこを押さえられていたことが落語の世界でも取り上げられているあたり、大名の困窮は秘密でもなんでもなく、庶民の笑いの種になっていたことが分かります。

落語では富籤が当たっても、それで幸せになったという話はほとんどありません。だが、なかにはこんな心温まる話もあります。

「富籤に当たった亭主が『これからは酒を飲んで働かない』と言い出した。そこで、女房が金を隠し、『あなたは昨日、酒を飲み過ぎて夢を見たのでは』と言った。根性を入れ替えた亭主が一生懸命に働くようになった時、女房が『夢ではなく本当に当たった』と八百両を差し出した」

庶民には八〇〇両など全く夢のまた夢。その願いと哀感とを巧みに語った落語はやはり人気を博したようです。

本間宗久

「本間様には及びもないが、せめてなりたや殿様に」といわれた庄内（＝山形県）・酒田の大地主、本間家の基礎を築いたのが、天才相場師、本間宗久でした。

宗久は実は本間家の本流ではありません。三代目当主本間光丘が修行に姫路に旅立った数年間、本間家の財政を預かり、米相場で巨額の富を蓄えました。「一七三一年（享保一六年）本間家初代原光の遺産が二五五一両だったものが、光丘が相続した一七五五年（宝暦五年）には三万一〇七四両に膨れあがっていた」（『日本相場師列伝』鍋島高明著、日本経済新聞社刊）。同書はそれを「宗久の神通力」としています。

もっとも、光丘が帰ってくると投機を厳禁、宗久は本間家をはずされ、旅に出ます。宗久の真骨頂はその後に発揮され、各地で儲けに儲け、相場の神様とされています。宗久が書いた『三昧伝』と同時代の相場師牛田権三郎の書いた『三猿金銭録』はいまでも相場の秘伝書として、広く読まれています。

本間家は宗久追放後、土地を買い増し、庄内というより、日本を代表する大地主になりました。土地本位制ともいえる当時の日本では、儲けた金を土地に投資するのが本流で、鴻池など豪商はみな行っています。本間家もその方向に進んだのです。

盛り上がる投機熱

本間宗久ばかりではありません。当時は有象無象の相場師が、日本中で跋扈しました。かつて、オランダで「黒いチューリップ」が投機の対象として、もてはやされたことがありました。球根が高値で売買されたことから一攫千金を求めて投機資金が殺到、ババを引いた者が大暴落で大損を出しました。同じような話が、この時代、日本でも起こりました。

「京都の『杉浦三郎兵衛家の文書』では、橘が異常な流行を見せ、京の町々で一鉢三百両、四百両で売買され、その実が一粒九両、十両、苗は一本、一歩、二歩から十両、二十両している」（『江戸三百年』）。

これなど、貨幣の改鋳などで溢れたマネーの行き所がなく、異常な投機を引き起こしたと見ることができます。最後にどうなったかは分かりませんが、大儲けした人がいた半面、大暴落して富を失った人が多かったことだけは間違いないでしょう。

江戸時代は家内制手工業が発達、一部では工場制手工業も行われるようになりました。各藩も特産品の開発に力を入れました。上杉鷹山の紅花、薩摩の砂糖などが代表格で、それが藩のみならず商人にも巨大な富をもたらしました。

しかし、商人に集まった富は大名に貸し付けられても、再投資されることはほとんどありませんでした。日本では残念ながら、産業革命は起こらず、工場制手工業が工場制工業に成長できませんでした。

叶福助

文化元年（一八〇四年）ころ、「叶福助」という人形を奉ることが流行しました。これを奉ると福が舞い込むというのです。この叶福助は頭が不釣り合いに大きく、足袋で有名な「福助」の原型にもなっています。福助は七福神の系列に属するもので、当時、こんな戯文がもてはやされました。

「毘沙門様の代に私の父福寿延命という者が小判を改め、御役を相勤め参りました。その節部屋住みの身より召出され見習い仰付けられ文福元年甲子年に福寿が金銀米銭を沢山にして隠居を仰付けられました。この旨を鶴亀の間で、七福神が並んでいる場で出世大黒天殿のご命令により、御金蔵白鼠番仰付けられ当時の金貸仕る次第であります。於多福女郎娘　妻」

叶福助は「部屋住みだったが、父が金銀を大量に貯えて隠居した後、召し出され、大黒天の命で金蔵白鼠番を勤めた」という大変縁起がよい話です。労せずして金銀を得たいという当時の庶民の願望を表していたといえるでしょう。

ちなみにお多福は「お亀、ひょっとこ」のうちのお亀からきたものです。かつては美人とされましたが、その後は醜女を表すようになりました。しかし、福が多いということで、一部では縁起がよいとされ、もてはやされました。

実録、鼠小僧

「大名や大商人から小判を奪っては貧乏人にばらまく」――義賊としてその名も高い鼠小僧は一体、どのくらいの大判小判を奪ったのでしょうか。一九九七年、その被害者リストが石川県の旧家から発見されました。

それによると、「被害にあった大名は四一家、被害総額は二一〇〇両三分」となっています。当時の一両はどの程度の価値があったかは難しいところですが、相当なものだったことは間違いありません。

最も被害が多かったのは岐阜・大垣藩で四〇〇両、二番は白河の安部家で一八〇両となっていますが、千両箱が盗まれた例はありません。どうやら千両箱を盗むのは映画の中

だけの話だったようです。
もっとも、鼠小僧が盗んだ額については各種あり、「九九家、三一〇〇〇両盗んだ」ともいわれています。中には佐賀・鍋島藩のように五回も入られたところもあります。江戸時代は一〇両盗んでも首が飛ぶともいわれた時代だけに大変な額です。
『甲子夜話』では、鼠小僧が捕まって処刑される前に市中を引き回された時、筆者の松浦静山が見物しようとした話が載っています。当時は大変な話題になったようです。
いずれにせよ、盗んだのは事実としても、それをばらまいたという記録はありません。しょせん、義賊は庶民の夢の中だけに存在するのかもしれません。ただ、「盗みに入られた殿様も悪い感情は持たなかったのではないか」と『殿様と鼠小僧』（氏家幹人著、中央公論新社刊）では推定しています。よき時代だったのです。

『鼠小僧実記』という草双紙も出ました。そこでは鼠小僧は大泥棒淀屋辰五郎の下で修行したことになっています。淀屋はいうまでもなく、江戸時代初期の大坂の豪商。それを鼠小僧と結び付けたあたり、ウソはウソでもちょっと小憎らしいものがあります。

鼠小僧以前にも、四〇〇〇両もの大金を盗んだ盗賊もいました。本業は質屋で、捕まる前、証文類をすべて焼却して捕まった後、貧乏人が困らないようにした〝仁賊〟もいたとか。義賊は本当にいたのです。

鼠小僧次郎吉の話は小説でも映画でもテレビドラマでもよく描かれています。なかには「女鼠小僧」を主人公にしたテレビシリーズもあります。お奉行様やお代官様と結託した悪徳商人を懲らしめるというのが定番。ここでは結構、カネをばらまく場面も描かれています。

鼠小僧は河竹黙阿弥も義賊として描き、市村座で上演されました。墓は回向院に造られました。ドラマでは鼠小僧はあくまで義賊なのです。

牢獄、大伝馬町

当時、泥棒が捕まると大伝馬町の牢屋などに入れられました。この時、必要とされたのが「蔓（つる）」というお金です。入牢者はこれを持って行き、牢名主に差し出しました。相場は一両か二両だったようです。これは中間の約一年分の手当てに相当します。かなりの大金です。

蔓がないと「牢屋で殺されることもある」とか「便を食べさせられる」ともいわれています。それかあらぬか、実際にも、ほとんどが一、二両程度の額は持って行ったようです。なぜ、泥棒がそのような大金を持って行けたのでしょうか。次のような説が出ています。

「当時、岡っ引きが盗人を捕らえた時、被害に遭った町人や大家が町奉行所に来てもらうことになっていた。しかし、これだと大変時間がかかったうえ、費用も四〇〇〜五〇〇文と、比較的高い職人の一日分の手間賃に相当した。そこで、町人は岡っ引きにお金、いわゆる袖の下を使って町奉行所に行かないようにし、岡っ引きはその貰った袖の下の一部を盗人に与えた」

「岡っ引き」とは最末端の非公式な警官。江戸には約五〇〇人程度いたともいわれています。「御用聞き」、「目明かし」などとも呼ばれていましたが、給料など貰えませんでした。

上役に当たるのが「同心」で、幕府の役人がなっていましたが、この同心からもいくらか貰っていましたが、町方から得るこのようなお金が主な収入になっていたようです。

警官と泥棒は結構つるんでいることが多いのですが、江戸時代も例外ではなかったのです。また、町民をゆすったり、脅かしたりする暴力団まがいの岡っ引きも結構いたようで、岡っ引きはあまり歓迎されない存在だったといわれています。

受刑者が亡くなった場合、医者に診せますが、診断料は二分金、つまり、一両の半分が相場でした。リンチで殺されても、医師は適当な診断をしていたようです。まさに〝医は算術〟で、赤ひげのツメのアカでも飲ましたいところです。

死罪は鈴ヶ森で首をはねました。これは同心が二分（名目は刀の研ぎ賃）で行うことになっていましたが、実際は首切り浅右衛門といわれた山田浅右衛門家に頼んでいました。

その場合、二分は同心の懐に残りますが、浅右衛門のところには大名から新刀の試し切りの依頼もあり、その収入や遺体から各種の医薬品を作ったり、刀剣類の鑑定などを行って、収入にしていました。

山田家は浪人でしたが、三、四万石の大名並みの収入があったといわれ、こうして得た金を死者の供養に使いました。天保一四年（一八四三年）には、将軍の日光参拝の時には三〇〇両を献上しています。かなり豊かだったようです。

剣客商売と鬼平犯科帳

江戸時代の捕物帖はたいてい、田沼時代から文化文政時代を舞台にしています。我々が江戸時代として頭に浮かぶ光景はこのころのことが多いようです。

池波正太郎の名作『剣客商売』は田沼意次の時代。主人公の剣客秋山小兵衛の息子大治郎の妻佐々木三冬は、田沼意次の妾腹の娘という設定になっています。

二〇一三年に焼けた神田のそば屋「藪」には池波正太郎がよく行っていました。小兵衛もそばが大好きで、そば屋が舞台となった『正月四日の客』も藪がモデルになったかもしれません。大治郎は向島に道場を持ち、三冬は四谷の道場の四天王の一人ということになっており、当時、江戸の範囲が相当広がっていることが分かります。

『剣客商売』では主家を離れた浪人も多く登場しますが、雇われて主人公などを斬る役の浪人の報酬は数両。これが当時の一般的通念かもしれません。

『鬼平犯科帳』の主役、火付盗賊改方長官、長谷川平蔵は実在の人物でした。天明七年（一七八七年）から寛政七年（一七九五年）まで長官を勤めています。田沼意次が失脚、松平定信の時代が始まったころです。

ここでは数年に一回大店を襲い、数百両を奪う盗賊がよく出てきます。盗賊は事前調査に数年かけるとかで、とにかくゆったりした話です。なかには「押し込み先の商家の人を皆殺しする」といった残虐な盗賊も出てきます。もしかすると、定信の時代は不景気で盗賊も殺伐になっていたのかもしれません。

銭形平次と半七捕物帖

野村胡堂が生んだ「銭形平次」は神田明神下に住む、ちゃきちゃきの江戸っ子でした。平次が投げる銭は寛永通宝真鍮貨四文銭で、田沼時代に造られた貨幣です。四文銭にもかかわらず重さは一枚一・三文（四・九グラム）しかありません。これでは平次ならぬ女性でも投げられます。

それまでの銅貨と異なり、亜鉛が二四％、スズが八％混ざった真鍮製でした。もちろん、小判などは絶対に投げません。ちなみに銭形平次は岡っ引きで、当然、幕府から手当は貰っていません。

銭形平次は当初、寛永期（一六二四〜四五年）を舞台にしていましたが、三〇話からは文化文政期（一八〇四〜三〇年）となっています。やはり、この時代に舞台を設定した方が座りがよかったからではないでしょうか。

岡本綺堂作の『半七捕物帖』の主人公半七は文政六年（一八二三年）生まれで、文化文政時代に活躍しています。『半七捕物帖』は捕物帖の草分け的名作ですが、その舞台を文政時代に設定したのが、後の作家に影響したのかもしれません。

これらの捕物帖にはよく悪徳商人やお奉行様が登場します。だが、テレビ、映画で見る悪徳商人は概して悠揚せまらぬ風格ある人物として描かれ、お奉行様よりよほど貫禄があります。逆に、その手先となって人を殺す役の浪人は概して貧弱です。当時、すでに主客が転倒していたことをテレビ、映画は如実に表しています。

盗みは数百両が単位になっており、豪商の富力の大きさが感じられます。まさに「鼠小僧もびっくり」の巨額です。幕末にはこれが普通になっており、「商業の発達と貨幣価値の下落で、金（きん）が時代を膨らませた」といっても過言ではなかったようです。

（四）寛政の改革

定信の棄捐令

田沼時代の後に登場したのが松平定信です。定信は重農（農本）主義政策をとり、幕府財政の立て直しに力を入れました。それはまた商業資本への圧迫でもあり、金（きん）には苦難の時代でした。俗にいう寛政の改革（天明七年～寛政五年＝一七八七～九三年）です。

寛政一年（一七八九年）九月十六日、幕府は札差を町奉行所に呼び出し、棄捐令を申し渡します。主な内容は次の通りです。

一、旗本の札差への借金のうち、六年前（天明四年）以前は放棄させる

二、それ以降、本年夏までの貸し金は年利を六％に下げ、俸禄米百俵につき年三両ずつ返すこととする

三、従来一五％＋アルファだった公定利息を一二％にする

室町時代によく行われた徳政令と同じようなことをしたわけです。室町時代は乱れに乱れ、政治などあってなかったような時代です。それと同じようなことを、秩序が保たれた平和な時代に行うとは……。幕府の権威も地に落ちたものです。まさになり振り構わぬ暴挙ですが、それだけ武士が困窮、貧富の差が拡大していたともみてとれます。

棄捐令が発布されると武士は大喜びしました。誰でも借金がなくなれば喜ぶにきまっています。ただ、借金が棒引きされると、今後は貸し手がいなくなります。室町時代もそのようなことが起こりましたが、江戸時代とて同様。貸し手がいなくなり、武士は長期的には逆に苦しむようになりました。

幕府を恨む御家人も出てきました。借金を断られて泥棒をする武士まで現れました。それほどに武士は困窮していたわけで、「武士は食わねど高楊枝」など、どこの国の話か、といった状況です。

定信は約一〇〇万両の金を蓄えたといわれています。だが、その分、庶民は困窮したわけです。「国富んで民貧する」ようでは政治ではありません。これが改革と教科書に書かれているうちは日本の民主主義も本物とはいえないのかもしれません。

米から金へ

棄捐令発令による札差の損は一一八万七八〇〇両強に上ったともいわれています。札差九六軒中八八軒が応じました。最も多かったのが伊勢屋四郎左衛門の八万三〇〇〇両、次いで伊勢屋喜太郎の六万六九〇両、笠倉屋平八の四万八六〇〇両が続きました。

少ないところでは米屋政八の四二両、伊勢屋利助の五三八両などとなっています。それでも、庶民には眼が飛び出る金額です。なにしろ「銀千貫（約二万両）で長者」と井原西鶴が言っているからです。

これをみると伊勢屋の名が目立っています。伊勢は三井家の出身地。金融業、つまり札差や両替屋では伊勢屋が大きな力を持っているといわれましたが、それを裏書きするような話です。

伊勢屋四郎左衛門は天保のころの最大の札差。当時の長者番付では最高位の大関に挙げられています。天保九年（一八三八年）、江戸城が焼けた時、西の丸の修繕に上納金一〇万両を集める世話方を勤め、その功績で町方御用達になっています。

この番付では越後屋八郎右衛門と白木屋彦太郎が勧進元になっています。越後屋は三越の前身で、白木屋は長年、日本橋でデパートを開いていました。昭和の御代まで続いた大店です。

ちなみに、江戸後期の職業の番付「大商八百万両」によると、東の大関が下り米問屋、西の大関が地廻り米問屋、勧進元が両替為替仲間となっています。「米と金」が江戸時代の経済を支えた大黒柱だったことがうかがえます。ただ、勧進元の字は大関の字よりはるかに大きく書かれています。これを見ると勧進元は大関より格が上だったようで、このころには「金が米より優位」になっていたのです。

銀座を直営に

幕府の商業資本への圧迫は棄捐令だけではありません。定信の失脚後、定信の路線を引き継いだ遺老（＝残された老中）が寛政一二年（一八〇〇年）、上納金の滞納を理由に銀座の実質的な経営者だった商人を罷免、寛政一三年（一八〇一年）六月銀座を廃止します。まさに民業圧迫路線で、「商業は親の敵」とでもいったところでしょうか。

ところが、その年の一一月、今度は幕府直営で復活します。場所は現在の銀座三丁目から人形町に移します。当時、ここは蛎殻町と呼ばれていましたので「蛎殻銀座」といわれました。もっとも、ここも明治二年（一八六九年）、大阪に造幣局ができるとともに廃止されます。わずか六九年の命でした。日本中に「〇〇銀座」がありますが、〝本家銀座〟は何回も移っているのです。

ただ、銀座は移っても、銀座の町名はそのまま、現在の銀座の地に残りました。蛎殻銀座の名はいまに伝わっていません。だが、その後、蛎殻町の地に東京穀物商品取引所ができ、一時は商品先物取引のメッカになりました。

大奥は生き残る

当時、「御老中でも手を出せないのは大奥、長崎、金・銀座」という戯言がはやっていました。遺老はその一角を崩したのです。ただ、幕府の支出の四分の一前後を占めていたともいわれる大奥には手が出せず、結局、大奥は明治まで残りました。

定信は大奥の改革にも手をつけ質素倹約を押しつけていますが、早々と失脚したこともあり、あまり倹約ムードは浸透しませんでした。大奥は一一代将軍家斉（治世一七八七～一八三七年）の時代に最盛期を迎えます。その経費が幕府財政を圧迫し続け、崩壊を速める一因になりました。いくら「入る」を図っても「出る」を制しないと、国家財政は破たんします。現代にも通用する真理です。

ただ、田沼意次の政策を踏襲した部分もあります。定信は田沼意次が発行した南鐐二朱銀を廃止しましたが、定信解任後の寛政一二年（一八〇〇年）少し量目を減らした新・南鐐二朱銀を遺老が発行したのです。

商業の発達がこのような定額通貨を求めていたため、いくら定信一派でも時代の流れには抗しきれなかったのです。定信の重農主義が失敗したのも当然かもしれません。

金を嫌った定信ですが、水戸藩主徳川治保にこんな手紙も出しています。

「凡ソ（おおよそ）天下の政（まつりごと）、金穀の二ツあり、しかるに王侯大臣金穀のことをいやしむ、金穀の利柄、上にあらざれば天下乱る、この頃、心を用いて苦しむ所は金穀の柄、下に帰し候が故也」

「金穀は政治で最も重要なものだが、それが下（＝商人）に握られている」と嘆いています。定信は生産力が上がり、経済が変わってきたにもかかわらず、貨幣経済も重商主義もまるで分かっていなかったのです。これでは景気が悪くなるのも当然だったでしょう。

規制と緩和

政治家には二つのタイプがあります。規制論者と緩和論者です。ところが、規制論者は緩和論者の後に登場し、前の政策を否定することが多いようです。田沼、定信の関係はその典型だったともいえるでしょう。ただ、田沼は自己の行ったことについてほとんど述べていませんが、定信は田沼の悪口を書きまくっています。

「勝てば官軍」で、田沼が後世に、実際以上に悪く伝えられた面もあるようです。ちなみに城山三郎は「政治家や経済人で書くのは信用しないんです」と『歴史に見る実力者の条件』（講談社刊）で述べています。家斉の時代、江戸時代の各種文化が花開き、「文化文政の文化」と呼ばれる成熟した文化が生み出されました。洒落本、黄表紙が生まれ、浮世絵が全盛を迎え、山東京伝、喜多川歌麿が活躍しました。庶民にはもっとも住みやすい時代だったでしょう。

「文化文政の文化」と教科書に書いてあるこの時代の文化は、日本というより当時の世界最高の文化だったといえるかもしれません。ただ、文化時代は定信の遺老といわれる定信路線を引き継いだ老中が力を振るい文化的にはいまひとつでした。その彼らが老中の職を去り、大御所といわれた家斉が力を振るった文政の時代に入ってからこそが江戸文化の最盛期になったのです。

（五）殿様と庶民

百姓の献金一七万両

「支配層と民はいつも対立する」というのは世界の常識です。ただ、このころの日本では単純にそうとも言い切れないものがありました。『別冊歴史読本　江戸三百諸侯列伝』（新人物往来社刊）にはこんな話が載っています。

「加賀百万石の前田家で文化四、五年ごろ金沢城が焼け落ち、藩主前田斉広が仮住まいしていた。この時、領内の百姓がゴボウを二把持ってきて『御領主様に差し上げたい』と申し出た。家老が『領主に百姓がじかにこのような品を献上しうるのは前例がない』と論談していると、斉広は『このような非常時に難しい論議には及ばぬ。その志うれしく思うぞ』と言い、早速取り寄せて、居合わせた家臣と味わった。この話を聞いて領内の百姓が感激、蓄えた金品を献上、総額一七万両に及んだ」

こんなことはちょっと考えられません。だが、江戸時代初期、七公三民といわれた年貢がこのころ三公七民になってきたといわれ、民の蓄積も相当進んできたことを表しているともとれます。それにしても一七万両はいかにも多過ぎます。やはり、真実ではなかったでしょう。

もちろん、搾取を続けた大名も多かったでしょうが、領主と百姓の関係が単に「搾取する者とされる者」だけの関係でとらえられなくなっていたことがうかがえます。上杉鷹山の殖産興業的な動きが全国に広がり、それが民にも潤いを与えるようになってきたからと見るのはうがちすぎでしょうか。

ちなみに、現在の日本では課税所得が九〇〇〇万〜一八〇〇〇万円の人は税率が三三％、四〇〇〇〇万円以上だと四五％にも達します。現在の方が苛斂誅求の度が強い気もします。

退職金と報償

「江戸時代はいまよりはるかに寿命が短かった」というのもまた常識ですが、こと武士に関しては必ずしもそうではなかったようです。確かに、幼少の時に亡くなった人も多かったのですが、それを過ぎると、かなりの高齢まで生き、しかも働いていました。

『甲子夜話』によると、「佐野豊前守という武士が九〇歳以上まで留守居役を勤めたのをはじめ、七〇歳代、八〇歳代まで要職を勤めていた武士はざらだった」とか。

戦国時代ならまず考えられないでしょうが、大坂夏の陣以来、島原の乱を除いて戦争が全くない時代が二〇〇年以上続いた「天下太平の世」とあってはそれも無理ではなかったのでしょう。

そこで幕府は七〇歳以上で退職した武士のうち、ご褒美を願う人に〝退職金（?）〟を出すことにしました。天明五年（一七八五年）、小普請組組頭が七〇歳でやめた時は金二枚を下賜されています。これが大判だとすると、退職金は一四両ということになります。

もっとも、ご褒美を貰うには「役に就いた時、すでに加増されていた」、「地方出張、地方勤務を病気を理由に断った」、「期近五年間に閉門や逼塞など重い謹慎処分を受けた人」は除くとなっていました（『殿様と鼠小僧』）。

それにしても地方出張を断る武士がいたとは……。綱紀が相当乱れ、これでは戦争などできるはずがありません。幕末、多摩の百姓出の浪人で結成された新撰組に頼らざるをえなかったのもうなずけます。この一面だけを見ても幕府崩壊は必然だったのです。

安い妾腹の子

側室や妾の場合、殿様の子供を産んでも安心できませんでした。同書によると彦根の井伊藩では男子が誕生しても、「母に一〇〇両を与えて出入りを禁止する」とし、津和野の亀井家でも妾腹に子供ができれば、「五〇両で暇を出す」としていました。

それにしても主君の子供がわずか五〇～一〇〇両で縁を切られたとあっては、かなり切りつめないと「生涯安泰」とはいけそうにありません。正室以外の女性は相当、苦労したのではないでしょうか。

もっとも、跡継ぎが死ぬと、状況はガラリと変わります。安政の大獄で知られる井伊直弼は妾腹の生まれでした。養子に出されようとしましたが先方から断られ、そうこうしているうちに藩主の兄が死んで藩主となり、大老まで上りつめました。吉宗も妾腹で、紀伊藩の支藩に出されましたが、上が死んで紀伊藩主になり、さらに徳川本家の跡取りがなく、将軍になりました。「長生きが勝ち」といえるのかもしれません。

目黒のさんま

落語「目黒のさんま」を知らない人はいないでしょう。だが、一般にはあまり知られていませんが、この前段で以下のような面白い会話が出てきます。

「殿様が街を駕籠に乗って通っていると、『今日の米相場はだいぶ景気が良くなったので両五斗五升になった』という話が聞こえてきた。『こんなことを知っている大名などいまい』と考えた殿様は登城すると、さっそく別の大名をつかまえ『今日の米相場をご存知か』と聞いた。もちろん、大名は知るわけもない。そこで『両五斗五升でござる』と答えると、くだんの大名は『両とはいくらの両でござるか』と問い返してきた。そこで、殿様は『両とは百両のことでござる』と答えた」

大名の世間知らずを皮肉ったものですが、ワサビが効いた会話の後だけにこれに続く

「さんまは目黒に限る」がますます生きてきます。それはさておき、町人が毎日の米相場に耳をそばだてていることは注目されます。

米の商品化が進み、米相場が庶民の間でごく自然に話題になっていることを示しているからです。江戸後期、商業そして米相場はそこまで庶民の間に入り込んでいたのです。「庶民の経済感覚は、現在よりはるかに研ぎ澄まされていたことを示している」といえるのではないでしょうか。

ちなみに、テレビドラマ水戸黄門では、「お殿様は善で、お奉行様、お代官様は悪」というのが定番です。黄門様がいないと下々のことを知らない殿様はお奉行様やお代官様にいいように操られてしまいます。

このような馬鹿殿様ばかりでは、「隠密になった家光」、「暴れん坊将軍吉宗」、「全国漫遊の水戸黄門」が獅子奮迅の活躍をしたとしても、幕藩体制が崩れるのも当然だったでしょう。

もちろん、これはテレビドラマでの話。家光、吉宗、黄門様はこんなことはしていません。むしろ、苛斂誅求で庶民を苦しめたことの方が多かったのです。ちなみに、ドラマの中で水戸黄門が懲らしめたお代官様は実数の二倍以上になったといわれています。

上杉鷹山

大名は「目黒のさんま」に象徴される世間知らずばかりではありません。このころ、名君といわれる大名が何人も輩出しました。その代表が上杉鷹山（治憲）でしょう。

鷹山は寛延四年（一七五一年）、日向高鍋藩主秋月種美の次男として生まれ、上杉家に養子として入りました。このころ、上杉家は豪商三谷三九郎から一万九〇〇〇両もの借金をし、「取引停止」に追い込まれていました。鷹山は「手元に五〇〇両しかない」と実情を率直に訴えて、三谷の心をとらえ、さらに一万両の借金と取引再開に成功します。

鷹山はこれを元手に殖産興業に努め、少しずつ借金を返していきます。その一つが用水路の建設。これで七〇〇〇町歩の田畑を生み出します。さらに、染料の紅花、コウゾを使った和紙などの振興に努めます。極めつけは織物。城の庭にまでに桑を植え、侍女に機織りをさせました。しかも透織という、透けて見える絹織物を開発して江戸で販売し、一〇万両も売ったといわれています。松浦静山は透けた着物を侍女に着せて楽しんだともいわれていますが、もしかするとその着物は米沢産だったのかもしれません。

現在の収支決算書に当たるものも作成、藩財政の明確化にも努めました。当初、家老が反乱を起こすなど反対もありましたが、切腹、蟄居などで排除、次第に賛成派を増やしていきました。

もっとも、すぐに効果が出て「借金を完済した」という風な甘い話ではありません。上杉藩が無借金経営になったのは鷹山の死後のことです。まさに借金返済の一生だったともいえるでしょう。

鷹山は、借金が減った後年、藩士が「生活費を増やしたら」と言ったら断ったとか。なかなかできないことです。名君といわれたのも故なしとしないでしょう。それにしても、追加でポンと一万両出した豪商の金力の大きさには感嘆させられます。

殖産興業と借金踏み倒し

上杉鷹山の米沢藩ばかりではありません。財政難に苦しんだ各藩では大きな改革が行われました。信州真田藩の恩田木工、長州藩の村田清風、土佐藩の野中兼山などがよく知られていますが、今は歴史の闇の中に埋もれ、その名もよく伝わっていない改革者も少なくありません。

その一人に岡山県備中松山藩の山田方谷がいます。方谷は生まれは百姓でしたが、神童といわれ、佐久間象山とも交わり、藩政を任されるようになりました。彼は借金の半額棒引き、長期返済、藩札の整理、殖産興業などを実施、改革の実を上げました。

出雲藩では家老の朝日丹波が「行政改革、年貢の徴収、借金の長期分割払い、殖産興業を断行、先代藩主の時七〇〇両しかなかった藩の蓄えを九万七〇〇〇両にまで増やした」(『名家老がいて、名君がいた』鈴木亨著、KKベストセラーズ刊)とか。

この余裕金を使って次代藩主松平不昧公が茶道をはじめ、出雲に文化の花を咲かせました。だが、財政は再び悪化します。しかも、影の功労者、朝日丹波の名は忘れ去られています。貧乏くじを引いたとでも、いったところでしょうか。

会津藩では田中玄宰が「行政改革、農民への貸付金の棒引き、殖産興業」で立て直しました。これがなかったら会津藩は京都守護職になどならなかったかもしれません。結局、会津藩は朝敵となりましたが、その遠因は藩政改革による財政再建によったものだったのです。

藩財政改善の手は現代の手法と驚くほど共通しています。借金棒引きや長期年賦による返済は国債増発であり、年貢の増徴は消費税引き上げであり、殖産興業は成長戦略であるともいえます。ちょうど、安倍首相が主導したアベノミクスとそっくり同じ戦略です。

だが、現代の財政再建とは大きく異なった面があります。それが行政改革です。改革に当たってはほとんどが藩士の整理、冗費削減を行っています。現代も政治家は行政改革、冗費削減を口にしますが、実現したためしがありません。

改革は、藩士、領民（現代では国民）に負担をかけるため、不人気で多くの改革者は窮地に追い込まれています。行政改革は支出を減らし、既得権を打破し、税金を増やします。これでは人気が出る訳がありません。

だが、その不人気を承知で改革を断行しないと藩も国家財政も救われません。結局、改革に成功したのは薩長土肥などごく少数で、それが明治維新の推進力になっていったのです。

（六）幕末と金

改鋳と銀貨の金貨化

江戸時代後期も幕府は度々、改鋳しています。特に利益が上がったのが文政（一八一八～三〇年）と天保（一八三〇～四四年）年間の改鋳でした。

「文政小判」は一一代将軍家斉の時代に造られました。重さ一三・一グラム、金の含有量は七・三グラム。幕末の万延時代に造られた「万延小判」はさらに品位を落とし、重さ三・三グラムで金の含有量は一・九グラムでした。いずれも五〇〇万両以上の出目（＝利益）を得たといわれています。

「慶長小判」は重量一七・九グラム、小判一枚に含まれていた金の量は一五・五グラムでした。万延小判は慶長小判の八分の一しか金が含まれていない勘定です。これでは小判というのもおこがましいかぎりです。

このころ、額面が小判の半分の二分金（判）も造られました。純度五六・四％の「文政真文二分金」、純度四八％の「草文二分金」、そして純度二〇％の「安政二分金」などです。純度二〇％では、これまた金貨というのはちょっと躊躇させられる感じです。

家斉の時代、老中水野が貨幣の改鋳を行っています。といっても天保の改革で知られる水野忠邦ではなく、田沼の同僚だった水野忠友の養子、水野忠成です。彼は文政元年（一八一八年）から三年間で小判、丁銀、豆板銀などの品位を落とし、さらに文政七年（一八二四年）、あの南鐐二朱銀の品位を落として、出目を取ろうとしました。水野といってもいろいろいたのです。

家斉にも賄賂

賄賂は田沼時代が最も盛んと思われていますが、実は「家斉の時代の方がもっと盛んだった」との説もあります。その中心に位した男、それが中野石翁です。彼は五〇〇石の旗本でしたが、彼の養女お美代の方が家斉の寵愛を受けたことから、家斉の信任を得、陰の実力者にのし上がりました。

石翁の屋敷は大名から贈られた金銀に満ち満ちていました。庭に架かっている橋の欄干はすべて金メッキした金具。ビードロ（＝ガラス）の障子もありました。「賄賂は中国の文化」とはよくいわれますが、当時、日本でも賄賂はごく一般的だったのです。

石翁は映画、テレビでも黒幕としてよく登場します。永井路子氏は著書『続悪霊列伝』（毎日新聞社刊）で、「江戸時代きっての黒幕―というより、そのいかがわしさにおいても、史上一、二位を争う大フィクサー」と持ち上げて（？）います。天保の改革を推進した水野忠邦も彼に賄賂を贈っています。陰の実力者であったことは間違いないでしょう。

石翁は松浦静山とも交際がありました、ある時、静山が石翁を尋ねると、石翁は病に伏し、傍に金字で『大乗妙典』と書いた箱が置いてありました。それについて聞いたところ「石翁が書き写していた」とか。このような面とフィクサーが両立するところに人間の面白味があるのかもしれません。同時に平安時代に盛んだった金文字が連綿と続いていたこともうかがえます。

家斉も賄賂を貰っていました。『続悪霊列伝』によると、家斉が亡くなった時、二万両の隠し金があり、これは「役職を得ようと思って家斉に賄賂が贈られた」と書いてあります。

家斉は知行五〇〇石の石翁と異なり、天下の将軍。それが賄賂を受け取っていたとあっては「上行うところ、下これにならう」という格言そのままです。

もちろん、歴代将軍には献上品などが大量にあったでしょうが、密かに賄賂を受け取っていたとは思えません。こうみると、当時、最大のフィクサーは石翁ではなく家斉だったかもしれません。

石翁は家斉が亡くなると、天保の改革を主導した老中水野忠邦によって出入り禁止となり、力を奪われます。以降、政治の表舞台にも裏舞台にも登場することはありませんでした。黒幕はしょせん、トップしだいなのです。

天保の改革と開国

天保年間、水野忠邦が文化文政時代に輪を掛けた貨幣の改鋳を行っています。天保八年（一八三七年）から同一三年（一八四二年）にかけ、幕府は五〇五万三四〇三両の改鋳益を得たといわれています。このうち金貨では一五七万六〇九〇両で他は銀貨だったようです。

文政元年（一八一八年）から安政四年（一八五七年）までの四〇年間で幕府の得た出目は一八七六万九〇五〇両、年平均四四万九二二〇両でした。当時の幕府の年間の歳入が一一八万七三六〇両だったといわれるので、三三％を占めていた勘定です。

ただ、旧金銀貨との引き換えが進まず、水野忠邦は天保一一年（一八四〇年）に文政一朱金の通用を禁止、同一三年（一八四二年）にはすべての旧金銀貨の通用を禁止していいます。これについて水戸の徳川斉昭が意見書で以下のように幕政を批判しています。

「一通用金銀の弊、愚夫、愚婦といへ共相嘆き候段、明時の瑕瑾、残念の至候（中略）漸を以、復古の御処置之れ有り、万民悦服候様これ有り度事」

つまり、「改鋳でみんなが嘆いているので、元に戻したら万民が悦ぼう」という意味です。ただ、白石、吉宗の改鋳にみたように金貨の品位を高め流通量を減らせばデフレになって庶民はさらに苦しみます。斉昭は名君といわれていますが、経済については無知だったのです。

この結果、「文化文政期には元禄時代に比べ、金貨で三・七倍、銀貨で二四倍くらいになった」（『貨幣太平記』作道洋太郎著、講談社刊）とか。これではインフレになり庶民は困ったことでしょう。幕府崩壊への地鳴りはここにも鳴り響いていたのです。

その忠邦も老中就任に際し、多額の賄賂を使っています。彼は唐津から浜松に転封しましたが、その後、江戸での費用として年間七〇〇〇両を使っていました。それを家老が削ろうとしたところ「運動費、つまり役職に就く賄賂として年二〇〇〇両を別途に出せ」と命じています。

水野家の所領は六万石なので、二〇〇〇両はかなりの負担です。老中になった後、彼がその出費を取り戻そうと賄賂を貰ったかどうかは分かりませんが、当時の風潮として、受け取っていたことは間違いないでしょう。

水野は銭も変えました。それまで銭は一文銭が多かったのですが、初めて額面を一〇〇文とした「天保通宝」を発行したのです。しかし、質が悪かったため、次第に九〇文、八〇文と、額面より少ない価値で使われるようになりました。当時、頭脳障害のある人を「天保銭」といいましたが、それはこの減価からきたものです。

天保銭は陸軍の参謀肩章にもよく似ており、俗に陸軍参謀は〝天保銭組〟ともいわれました。日本陸軍の参謀といえば陸軍大学などを出た秀才中の秀才ですが、頭が固く、誤った戦略で日本を破滅に追い込みました。

作戦も精神主義で、多くの兵隊を死に追いやりました。しかも、ほとんどの参謀、将軍は責任をとらず、戦後も生き長らえました。その罪はまさに万死に値するといっても過言ではないでしょう。

もしかすると、兵隊は参謀は頭が悪いと思って、〝天保銭組〟と呼んだのかもしれません。実際、歴史をみると昭和の参謀は記憶はよくても、他は全く無知な人だったとしか考えられません。想像力ではなく記憶力だけを判断基準にするとえてしてこういうことになるのです。

水野の奢侈禁止と重農主義政策は商業が発達した時勢にまったく合わず、水野はわずか四年で老中を罷免されました。この時、水野の屋敷に石が投げ入れられたとか。このようなことは江戸時代を通じて行われた形跡はありません。いかに水野の政策がアナクロで、庶民を苦しめていたかが分かります。天保の改革は改革どころか改悪そのものでした。

ちなみに、田沼は松平定信、石翁は水野忠邦と賄賂を贈ってきた人に失脚させられています。面白い偶然です。

銭屋五兵衛

江戸時代、豪商列伝の最後を飾ったのが銭屋五兵衛です。五兵衛は加賀一〇〇万石前田藩で生を受け、三九歳の時、質流れの船を買い取って海上貿易に乗り出し、巨額の財産を築きました。当時は四〇歳で隠居した人も少なくなかったので、大器晩成の人だったのでしょう。

最盛期には千石船クラス一〇艘、五百石十一艘を含め、全体で二百艘以上の船を持ち、財産は三〇〇万両にも達しました。長者の代表、紀伊國屋文左衛門でも五〇万両、奈良屋茂左衛門も一六万両といわれていますので眼もくらむ額です。時代が下るとともに豪商の財産もスケールアップしていったことがうかがえます。

彼は蝦夷（北海道）の海産物を内地に運んで巨利を得ました。加賀藩の御用商人にもなっています。加賀藩は五兵衛を自由にやらせて、御用金を吸い上げるという戦略を採っていたのです。

だが、河北潟の開拓に乗り出した時、石灰を撒（ま）いて魚を殺したとの咎で獄に繋がれ全財産を没収されてしまいます。実は銭屋は加賀藩の了解の下、密貿易をしており、それを幕府にかぎつけられそうになったため抹殺されたとの説が有力です。

御用商人を使って利益を上げ、役目が終わるとバッサリという手口は江戸時代を通じて行われていましたが、幕末もまた例外ではなかったのです。いや、「狡兎死して走狗烹らる」はどの国、いつの時代にも通用する話です。

ちなみに、石川県には南洋にしかいない巨大ミミズが生息しています。これは銭屋が南洋に行ったとき、紛れ込んだとの説もあります。

日本開国で小判流出

鎖国で一時減少した金の国外流出は幕末には再び増え、日本経済を大きく揺さぶります。それが幕府倒壊の一因にもなりましたが、これには開国が大きく結び付いています。

嘉永六年（一八五三年）、米国の提督ペリーが黒船四隻に乗って来航、日本は開国に踏み切ります。これによって日本経済は一層苦境に追い込まれますが、それは開国に伴って締結された日米修好通商条約が関税自主権の放棄など典型的な不平等条約だったからです。しかも、他国とも同様の条約を結びました。

開国と同時に、金の大量流出が始まります。その理由は欧米とは金銀の価格差が大きく異なっていたことにありました。幕末、金銀の価格差は日本では約一対五。それなのに、ヨーロッパでは約一対一五だったのです。

そこで、ヨーロッパから銀を日本に持ってきて金と交換。それをヨーロッパに持ち帰ると、それだけで三倍にもなりました。その持ち帰った金をヨーロッパで銀に換え、それを日本に持ってくればまた三倍になります。それをまた……で、あっという間に金が国外に流出したのです。

その額は半年で三〇万～四〇万両に達したともいわれています。これには異説があり、

七〇万〜八〇万両だったとも、八二〇万両だったともいわれています。統計がないので確定的なことはいえませんが、いくらなんでも八二〇万両は多すぎます。だが、とにかく膨大な量の金が流出したことだけは間違いありません。

もちろん、幕府も対策に頭をひねり、金と銀の交換比率を変えようとしましたが、不平等条約がネックとなって変えることができません。そこで、窮余の一策として取られたのが小判の改鋳、つまり、品位を落とすことだったのです。

万延小判と他の小判

幕府は「正字小判・一歩判」と金銀比率を

国際的な比価と同じにした「安政二朱銀」を発行、金の流出は一時、止まりました。ところが、欧米諸国が受け取りを拒否したため、やむをえず、万延元年（一八六〇年）、金の含有量を少なくした「万延小判」を発行したのです。ちなみに、万延元年一月二〇日に金の交換比率を以下のように定めました。（『日本の貨幣の歴史』）

保字小判壱両	金三両壱分弐朱
同壱分判金	金三分壱朱
正字小判壱両	金弐両弐分三朱
同壱分判金	金弐分三朱

さらに四月一四日にも次のような追加の措置が行われました。

慶長金武蔵判百両ニ付	代金五百四十八両
元禄金同断ニ付	同　三百七十八両
乾字金同断ニ付	同　三百四十七両
享保金同断ニ付	同　五百六十五両
元文金同断ニ付	同　三百六十二両

真字二分判文政金同断ニ付　同　三百四十二両
草字二分判同断ニ付　同　三百十三両
五両判同断ニ付　同　弐百七拾三両

当時、昔に鋳造されていた小判がかなり死蔵されていた様子がうかがえます。享保小判は一両に含まれる金の量は一五・五グラム、慶長小判も一五・五グラムと品位は同じですが、享保小判の方が評価が若干高かったことが分かります。

また、これをみると万延小判の価値は慶長小判の価値の約五・五分の一ということになります。つまり、江戸幕府開府から幕末まで小判の価値は約五分の一に減価したことになります。逆にいうと、金の価値は約五・五倍に跳ね上がったともいうことができるかもしれません。ただ、日銀によると万延小判の金の含有量は慶長小判の八分の一なので、この交換比率が妥当かどうかは分かりません。

小判の値打ちは年とともに下がり、金は虐待されたように思われましたが、価値だけみると「最も金が尊重された時代」だったのです。

日米修好通商条約はタウンゼント・ハリスが安政五年（一八五八年）に徳川幕府に結ば

せた条約です。ハリスは条約締結の功績で初代駐日公使になり、五年五カ月、日本に滞在しました。ハリスは昇進しましたが、日本にとっては、いや金にとっては苦い開国になりました。

ハリスはしばらく伊豆・下田におり、「唐人お吉」との艶めいた話で知られています。「きち」という娘が二五両の支度金で雇われましたが、一週間でヒマが出ており、実際はウソだったようです。ただ、二五両の支度金はいかにも多い気がしますが。

幕末のインフレと武士

「金の流出、銀の流入」は銀を主な交換手段としていた関西を中心に激しいインフレを呼び起こしました。これが庶民を苦しめ、倒幕運動を成功させる一因にもなりました。金銀の価格差の違いは生活だけでなく日本史をも大きく変えたのです。

いや、庶民だけではなく、武士も多くは生活が成り立たなくなり、大変苦しみました。

『増補　幕末百話』（篠田鉱造著、岩波書店刊）にはこんな話が載っています。

「五千石の旗本が質屋に将軍家拝領の蚊帳というのを持ってきた。大変よい物で、貸金がたった七両だったが、流れて売ったら十八両になった」

「質屋が八両で預かった一千二百石の旗本の具足を両者協議のうえ、流すことになり、骨董屋を呼んだら二十八両で買い上げた。そこで、『お礼に』と質屋が武士に五両出したら、くだんの武士が『それはおまえの儲けで貰う理由がない』と言った」

「二両が精一杯の品物を持ってきたので、『お礼に』と五十銭差し上げようとしたら二両しか受け取らず、町人根性に恥ずかしい思いをした」

いずれも武士の困窮を表す話ですが、将軍家から拝領した蚊帳や先祖伝来の具足まで質屋に入れるとはまさに困窮も極まれりといった感じです。価値がいくらかも分からない点、武士の世間知らずの姿も浮かび上がってきます。

同時に「武士は食わねど高楊枝」ではありませんが、一度契約したら、それを守るという武士の矜持には感心させられます。困窮しても背筋をピンと伸ばした姿が浮かび上がり、借金を踏み倒した大名とは違った〝三河武士のＤＮＡ〟が幕末まで保持されていた感じもします。

金札

各藩は藩札を出したと前に述べましたが、さすがに江戸幕府はそのようなものには手を染めませんでした。ところが、手持ちの資金が枯渇、「背に腹は代えられぬ」と思ったのか、各藩の藩札と同じ機能を持つ金札を発行しました。慶應三年（一八六七年）、幕府の瓦解の前わずか三カ月のことです。

額面は百両で、関東地方で流通できた「江戸横浜通用金札」、「江戸及び関八州通用金札」、関西地方で流通させる「兵庫開港札」が計画されました。しかし、幕府崩壊でほとんど流通しませんでした。

いま、景気刺激に国債を発行していますが、藩札はそれと同じような効果を持った面もありました。しかし、藩札も金札も国債も麻薬のようなもので、一度手を出すとなかなかやめられません。幕府は金札を発行したかと思ったら、すぐ崩壊してしまいました。「藩札、金札の運命は国債の運命」になるかもしれません。大きな破局を招く恐れもまた大きいといえるでしょう。

中世以前、紙幣が発行されたのはなにも日本だけではありません。中国では元の時代に大量に発行され、「人々は金銀より大切にしている」と、かの地を訪れたマルコポーロが述べています。清の時代にも発行されました。

元は当時、フビライの治下で最盛期だったから通用したのであって、時代が下ると信用が落ち、だれもが所持するのを嫌いました。江戸幕府の金札も同様で、少しも信用されず、紙くずになってしまいました。

金はそれだけで信用されますが、紙幣は発行元が信用されないと価値を持ちません。金本位制では紙幣の裏付けとして金を一定量保持することが求められました。江戸幕府はすでに、金の保有量が枯渇、金札を出せるほどには信用がなかったのです。いや、信用がなくなっていたのです。

西国雄藩の借金

薩摩、長州など西国雄藩も天保年間、大きな借金をしていました。薩摩藩の場合、木曽川の改修工事を幕府から命ぜられ、借金は一〇〇万両を超えました。この木曽川工事を指揮した薩摩藩の武士は「藩に膨大な借金を背負わせた責任をとる」として、多くが工事終了後、切腹しています。これが薩摩藩が幕府を恨む大きな要因になりました。

薩摩藩の借金はその後も徐々に増え、天保初期には五〇〇万両にも達しました。利息だけで年間約八〇万両。当時、薩摩藩の収入は年一二万〜一三万両だったといわれるので、サラ金に借金をしたようなもので、「利息が利息を生む」という破滅的な状況でした。

それを薩摩藩は「二五〇年賦、無利息で毎年二万両ずつ返す」という強引な政策で切り抜けました。こんな条件を豪商が飲んだのは島津家の権力というより、薩摩藩のどうにもならない財政状況を知っていたからでしょう。

この財政立て直しに動いたのが家老調所広郷（別名笑左衛門）です。調所が行ったのが借金の実質的な棒引きとともに、砂糖の専売制でした。薩摩藩は沖縄、奄美大島、沖縄などで砂糖を栽培させ、それを強制的に取り上げ、年間四、五万両の利益を上げました。

密貿易でもかなりの利益を上げました。その基地になったのが琉球（＝沖縄）でした。薩摩藩は琉球を征服、武器を取り上げたので空手がはやったともいわれていますが、苛斂誅求も大変なものでした。沖縄は太平洋戦争でも戦場になりました。二度にわたって日本を救ったともいえるでしょう。

春秋の筆法でいうと「沖縄の砂糖、密貿易が近代日本を生み出した」ともいえるかもしれません。実は薩摩の貿易は密貿易ではなく幕府の許可を得ていたという説もありますが、真偽は不明です。この結果、薩摩藩は天保一一年（一八四〇年）には二五〇万両もの蓄えができました。調所がいなければ明治維新もかなり変わったものになったことでしょう。

長州藩も天保八年（一八三七年）、約一五三万両もの借金をしていました。天保一一年の経常収入が六万三〇〇〇両余だったので、約二四年分に当たります。この改革を行ったのが村田清風です。

村田は下級武士の生まれでしたが、表番頭と江戸仕組掛を兼務して改革に取り組みました。清風はまず三七カ年賦皆済仕法を定めました。これは多額の負債に苦しんでいた家臣団の借金を「一貫目当たり三〇匁を三七年間支払えば元利をなくす」というものです。これではまるで、徳政令です。

さらに、二五項目の倹約を行うとともに、藩士への俸給を半分にし、専売制だった蝋を自由な取引にし、運上銀を課しました。貿易にも力を入れ、下関港で金融・倉庫業なども営みました。これによって藩の借金を返済しました。

足利時代、室町幕府の財政を支えたのが明との貿易であり、秀吉も貿易で巨額の富を得ていました。知行地が二二〇万石程度と徳川家康とあまり変わらなかったにもかかわらず、天下を保持しました。薩摩、長州も港が富の源泉になりました。まさに「港を制する者は天下を制する」状況が続いていたわけです。

同時に、両藩とも、藩自ら産業振興とその利益の収得に努めました。いわば国家資本主義とでもいえる政策です。当時、藩はどこも現代の企業と同じことをしていたのです。

龍馬の船の代金

薩長同盟を締結させ、幕府崩壊、明治維新という回天事業を達成させた坂本龍馬。彼は政府には入ろうとせず、海援隊という今の船会社と商社を併せたような会社をつくったことでも知られています。

慶應三年（一八六七年）四月二三日、海援隊に所属する伊呂波丸が讃岐（香川県）沖で紀州藩の所有する汽船明光丸に衝突され、備後（広島県）沖で沈没してしまいます。明光丸は八八七トンで伊呂波丸の約五倍もあったからです。この時、龍馬は明光丸に乗り移り、航海日誌を押収するとともに衝突時に甲板上に士官がいなかったことを認めさせ、長崎に回航させ、かねて研究していた万国公法に則って七万両もの大金を紀州藩に払わせました。

伊呂波丸がどの程度価値があったかどうかは分かりませんが、一介の脱藩者が将軍吉宗を出した紀州藩の船を長崎まで回航させ、さらに多額の賠償金を取るなど、以前なら考えられません。すでに幕府は崩壊寸前にありましたが、幕府の威光がいかに衰えていたかを示す挿話ともいえるでしょう。

徳川家の埋蔵金

日本には三大埋蔵金伝説というのがありますが、その中で最も人気が高い？のが、徳川家の埋蔵金でしょう。この埋蔵金は幕末、勘定奉行を勤めた小栗上野介が幕府倒壊に備えて赤城山に埋めたというものです。

赤城山に埋めたのは幕府を倒すとすれば西国諸藩とみて、「江戸より北でしかも粘土質で穴の崩れる恐れがないところ」という条件を満たしていたからといわれています。

この手の話の常として、埋蔵に当たった人夫はすべて殺されたとも伝えられています。もっとも、当時、幕府は財政が逼迫していたので、そのような余裕はなかったとの見方が大半です。しかし、この説を信じて、探っている人がいてテレビでは大掛かりな掘削作業の状況を放映しています。もちろん、まだ発見されていません。

上州（群馬県）の埋蔵金伝説は他にもあります。当時、上州を支配していた深沢刑部少輔定政という武将が天正六年（一五七八年）、戦いに破れた時、赤城山に五〇〇〇万両もの金を埋めたというものです。その後、一〇代目の子孫が深沢城跡に移し、現在もそこに埋

まっているというのがこの埋蔵金伝説です。
一九九八年放映されたテレビによると、その説を間違いないと信じた子孫が、深沢城跡を掘っています。しかも、一人ではなく三代続けて掘り進めており、すでに地下二五メートルまで掘り進んでいました。ただ、例によって、現在も埋蔵金発見の報はありません。
常識的にみても、地方の一城主がそのような巨額の金を蓄えているはずはありませんし、たとえあったとしても戦乱の世の中、そのまま手つかずで残っていることは考えられません。まして、二五メートルもの地下に埋めることはまずありえないでしょう。
徳川家の埋蔵金伝説は山梨にもあります。

二〇〇〇年二月、山梨県増穂町で小判が発見され、徳川家の埋蔵金ではないかと大騒ぎになりました。

発見したのは徳川家の埋蔵金を求めてボーリング調査をしていたグループ。幕末に勘定奉行を勤めていた小栗上野介の家臣、多田外記の遺言状を基に調査、地下七〇メートルで小判を発見したというものです。

小判は縦六センチ、横三センチで、表面に扇状の文様があり、中央に「光次」という文字と裏に「保」という文字があり、幕末に近い天保時代に造られたのではないかと推定されました。

山梨県は武田信玄が甲州金という金貨を造り、徳川家が金山を直轄していたので、多少の金はあったかもしれません。それだけに、いかにもありそうな話で、これが今に伝わっている理由かもしれません。

ちなみに、外記の埋蔵金は二四〇万両といわれていますが、残念ながら、その後も発見されたという報はありません。

幕末の貨幣量

明治政府は幕末の貨幣流通量を纏めました。『図説日本の貨幣』（日本銀行編、東洋経済新報社刊）によると、新貨換算高は次のようになります。

種類	流通高の新貨換算高	%
金貨	八七六一万〇六五二円	四六・九六
銀貨	六八二七万五三一三円	三六・六〇
銭貨	六〇三・三一二七円	三・二三
小計	一億六一九一万九〇九三円	八六・七九
藩札	二四六四万五二〇三円	一三・二一
合計	一億八六五六万四二九五円	一〇〇・〇〇

やはり、金貨の発行高が圧倒的に多いことが分かります。小判が海外にかなり流出したとはいえ、まだ「黄金の国ジパング」の輝きの片鱗をうかがうことができるかもしれません。

コラム　これが金だ＝トロイオンス

金の世界ではトロイオンスという不思議な単位が幅を利かせています。一トロイオンスは三一・一〇三五グラムのことですが、アメリカではこのトロイオンスが取引単位になっています。なぜこのような単位ができたのでしょうか。

黄金が集まったといわれるトロイから由来していると思っている人が多いようですが、実はフランスで中世に商業の中心地だったＴｒｏｙｅｓの町からきたものです。

当時、この町で使われていた金の単位がこの重さで、それがいつの間にか世界に通用するようになりました。日本ではグラム単位で取引されていますので、ニューヨークの金相場を国内相場に換算する時は次のようになります。

ニューヨークの金価格÷三一・一〇三五×円相場＝国内のグラム当たりの金価格

もっとも、金の価格はその時々の条件の変化で揺れ動くので、ニューヨークの相場がそのまま日本国内の相場になるとは限りません。ご注意を。

あとがき

マルクス経済学の有名なテーゼに「下部構造（＝経済）が上部構造（＝政治）を規定する」というのがあります。

生産が増加すると、どうしても矛盾が出て、政治構造にも変化を及ぼすというものです。ただ、それを解決するのはなかなか難しいのです。

比較的うまく解決したのがイギリスです。マグナカルタで貴族は王の権限を縮小、絶対王政を貴族との合議制にしましたが、その後、王党派と貴族派に分かれ、国儀を協議しました。産業革命が起こると、貴族（＝地主）が保守党、新興資本家が自由党となり、議会内で調整。さらに、労働者が力を持つと保守党（貴族、資本家）と労働党との間で、政権をやりとりし、流血の惨事は起こりませんでした。

失敗したのがフランスです。生産が増えましたが絶対王政を維持し続けたため、民衆が蜂起、大革命を起こしました。上部構造を維持しようと経済の発展を抑えると失敗するというよい例です。かつての共産党支配下の東欧がそうでした。今の北朝鮮もそれに当たります。毛沢東治下の中国もそれで、人民公社などをつくり、計画経済を維持しようとしましたが、「能力に応じて働き、必要に応じて使う」という政策をとった結果、だれも働かなくなって、大飢饉になり、数千万の餓死者を出したともいわれています。

江戸時代、日本は商業、手工業の発達で、重農主義から重商主義に変わりました。ところが、下部構造の変化を認めない幕府は享保、寛政、天保などの改革でそれを昔に戻そう、つまり上部構造の維持を図ったのです。だが、当然のことながら失敗、明治維新を招きました。

別の言葉でいえば、江戸時代は「米と金（きん）の争いだった」ともいえます。幕府は金に押された経済を米に戻そうと懸命に努力しましたが、結局、失敗に終わりました。

中国は二〇一三年に世界最大の金消費国になりましたが、これは民衆が、「経済の発展に政治が追いつかない」とみて、政府を信用していないからではないでしょうか。

歴史をみると、経済の発展は必ず政治を変えます。江戸時代は三大改革で失敗しましたが、これは金にとっても、民衆にとってもよかったと思われます。だが、この「改革という名の失政」がなければ、日本の経済は大発展したのではないでしょうか。おそらく、資本の蓄積が進み、産業革命が起こり、世界の最先端に躍り出たのではないでしょうか。金を主題にそのような動きを書いたつもりですが、さて成功しましたかどうか。その判定は読者に任せたいと思います。

なお、校正に当たって坂口安男氏の助けを借りました。イラストは林かこ氏が担当しました。紙面を借り、お礼を申し上げます。

二〇一五年

岡本匡房

[参考文献]

（いずれも出版時点社名）

大系日本の歴史　小学館
名将言行録　岡谷繁実原著　北小路健・中沢恵子訳　教育社
世界の歴史　中央公論社
日本史探訪　角川書店
日本史から見た日本人　渡部昇一　産能大
仏教の歴史　ひろさちや　春秋社
黄金伝説ジパングの謎　多賀一史　PHP研究所
ジパング伝説　宮崎正勝　中央公論
歴史を変えた決断の瞬間　会田雄次　角川書店
貨幣の日本史　東野治之　朝日新聞社
逆・日本史　樋口清之　詳伝社
この国のかたち　司馬遼太郎　文芸春秋
黄金の日本史　加藤　廣　新潮社

商品取引所の話　日本経済新聞社
日本の貨幣の歴史　滝沢武雄　吉川弘文館
歴史よもやま話　池島信平編　文藝春秋
金　林屋辰三郎編集代表　思文閣出版
金とダイヤ　崎川範行　大陸書房
日本美の構造　田中日佐夫　講談社
日本文化の表情　梅棹忠夫＋多田道太郎編　講談社
日本歴史故事物語　河出書房新社
貨幣太平記　作道洋太郎　講談社
和魂和才　童門冬二　ＰＨＰ研究所
日本を創った一二人　堺屋太一　ＰＨＰ研究所
お天気日本史　荒川秀俊　文藝春秋
江戸の経済システム　鈴木浩三　日本経済新聞社
江戸三百年　西山松之助・芳賀登編　講談社
江戸文化評判記　中野三敏　中央公論社

［参考文献］

徳川家康　北島正元　中央公論社
古典落語　興津要編　講談社
江戸時代　北島正元　岩波書店
人使い名人伝　矢田挿雲　原書房
執念の財政改革　佐藤雅美　集英社
左甚五郎　講談社
金の文化誌　荒木信義　丸善
増補　幕末百話　篠田鉱造　岩波書店
峠から日本が見える　堺屋太一　実業之日本社
江戸のワイロ　童門冬二　文藝春秋
「商い」から見た日本史　伊藤雅俊・網野善彦・斎藤善之　PHP研究所
大江戸豪商伝　童門冬二　徳間書店
みかどの都　金井圓・広瀬靖子遍訳　桃源社
日本相場師列伝　鍋島高明　日本経済新聞社
大江戸長屋ばなし　興津　要　中央公論新社

明治東京史話　川崎房五郎　桃源社
神と祭りと日本人　牧田　茂　講談社
吉良上野介を弁護する　岳　真也　文芸春秋
図説日本の貨幣　日本銀行編　東洋経済新報社
逆説の日本史　井沢元彦　小学館
武士と世間　山本博文　中央公論社
大君の通貨　佐藤雅美　講談社
わが千年の男たち　永井路子　文芸春秋
別冊　歴史読本　江戸三百諸侯列伝　新人物往来社
円　鈴木武雄　岩波書店
殿様と鼠小僧　氏家幹人　中央公論新社
殿様の通信簿　磯田道史　新潮社
続悪霊列伝　永井路子　毎日新聞社

著者略歴

岡本　匡房（おかもと　まさふさ）

1941 年東京生まれ。1964 年慶応義塾大学経済学部卒。同年日本経済新聞社入社。編集局整理部、商品部記者、編集局商品部次長、産業第三部次長、川崎支局長、地方部次長、同編集委員、日経産業消費研究所商品研究部長などを経て、現在（株）市場経済研究所主幹。

主な著書：『国際商品市場の手引き』（共著、日本経済新聞社刊）、『ゴールドハンドブック』（共著、紀伊国屋書店刊）、『金ちょっとおもしろい話』（日経総合販売刊）、『商品先物市場と日本経済』（ゼネックス刊）、『商品ファンドと先物市場』（共著、経済法令研究会刊）、『金市場とともに 30 年　第一商品の戦略』（市場経済研究所刊）、『東穀・東穀協会風雲録』（市場経済研究所刊）など。

研究報告書：「バブル期前後の商品取引員経営」（日経産業消費研究所刊）。「市場経済と価格」（（財）流通システムセンター）、「ＩＴ投資の経済的評価」（（財）企業活力研究所）の編集・執筆に協力。（財）ふるさと情報センターの依頼で、岐阜県久々野町、宮崎県東郷町、広島県甲奴町、北海道美唄市の地域活性化ビジョンを策定。（財）都市農山漁村交流活性化機構、販路開拓緊急対策委員会委員長代理なども務める。

日経産業消費研究所時代に「日経ゴールドレポート」「日経商品情報」の発行人。

2015年5月2日 初版第1刷発行

エピソードで綴る 日本黄金史（江戸時代）

著　者　　岡本匡房
発行者　　後藤康徳
発行所　　パンローリング株式会社
〒160-0023　東京都新宿区西新宿7-9-18 第三雨宮ビル6F
TEL　03-5386-7391　FAX　03-5386-7393
http://www.panrolling.com/
E-mail　info@panrolling.com
印刷・製本　東港出版印刷株式会社

ISBN 978-4-7759-9137-4